KB189956

LIFETIME INDEPENDENCE

평생자립

LIFETIME INDEPENDENCE
평생자립

서민을 위한 나라는 없다
NO COUNTRY FOR ORDINARY MEN

이형욱 지음

 아름다운사회
Beautiful Society

목 차

Part 4. 꿈, 목표, 계획 그리고 비전

미국의 대선 열기가 뜨겁다. 선거에 대한 국민적 관심은 어느 국가도 예외가 없어 보인다. 얼마 전 끝난 대한민국의 총선과 이후에 진행되고 있는 정치 상황들을 지켜보면서 우리 사회의 양극화가 정치 분야에서도 날이 갈수록 심화되어감을 느낀다. 성인이 되고 선거권을 갖게 된 이후에 빠짐없이 투표에 참여해왔다. 보수와 진보가 번갈아 집권하고 국정을 수행하는 것을 수십 년째 지켜보지만 안타깝게도 날이 갈수록 빈부격차는 커지고 서민들의 삶은 점점 팍팍해지고 있다. 민주주의는 과연 올바른 방향으로 진보하고 있는가?

《노인을 위한 나라는 없다》(No Country for Old Men, 2007)는 2008년 미국 아카데미 시상식에 총 8개 부문에 노미네이트 되고 작품상과 감독상 등 총 4개 부문을 수상한 영화다. 얼핏 제목만 놓고 보면 노인 복지와 관련된 영화일 것 같은데 1980년대 미국 텍사스 사막지대를 배경으로 한 범죄 스릴러 영화다. 개봉 당시, 제목에 끌려서 영화를 보게 되었고 관람 후에도 많은 생각을 하게 하는 여운이 길게 남는 영화다. 여기서 얻은 영감으로 책의 제목을 정했다.《평생 자립 - 서민을 위한 나라는 없다》(Lifetime Independence - No Country for Ordinary Men)

4년에 한 번씩 치르는 총선을 통해 국민의 대표인 국회의원을 뽑고 5년에 한 번씩 치르는 대선을 통해 행정부의 수반인 대통령을 선출하는데 누구를 선택해도, 어떤 결과가 나와도 결국 서민들의 삶은 바뀌지 않는다. 지금까지 바뀌지 않았으니 앞으로도 바뀌지 않을 것이다. 자본주의 경제체제에서 법과 제도를 아무리 잘 정비해도 절대다수가 다 함께 풍요롭게 사는 세상을 만드는 것은 불가능하다. 자본주의가 고도로 발달한 국가들이 민주주의 제도를 채택하고 있다고 해서 민주주의와 자본주의를 비슷한 의미로 생각하면 안 된다. 오히려 작동 원리로 본다면 정반대라고 할 수 있다. 왜냐하면 민주주의는 1인 1표인 반면 자본주의는 1주 1표이기 때문이다. 보유한 주식의 숫자만큼 의결권을 갖는다. 결국 자본을 가진 소수의 사람이 자신들에게 유리한 법과 제도로써 기득권을 지키면서 소유의 영역을 확장해 가기 때문에 상대적으로 절대 다수인 서민들은 그나마 가진 것을 빼앗기지 않으려고 발버둥친다. 금리를 조정해서 통화량을 늘려 일시적으로 경기를 부양하면 잠시 형편이 풀리는 듯 하지만 결국 풀린 현금을 자본가들이 물먹는 하마처럼 빨아들인다. 늘어난 통화량만큼 물가는 상승하고 가계소득은 물가 상승분을 따라가지 못하니 "월급 빼고 다 오른다." 는 하소연을 수 십 년째 들으며 살아간다. 자유 민주주의 국가에서 태어나 살고 있는 것은 축복이지만 자본주의 세상에서 살아가기 위해서는 법과 제도에 의지하지 않고, 국가나 지방자치단체에서 제공하는 복지에 의존하지 않고, 스스로 우뚝 설 수 있는 평생자립의 경제 시스템을 구축해야 한다.

자본주의를 상징하는 많은 표현들이 있다. 약육강식, 적자생존, 부익부 빈익빈, 기울어진 운동장 등 우리가 흔히 접하는 그 어떤 표현도 긍정적이지 않다. 글로벌 직접판매 1위 기업인 암웨이사의 공동 창업자 리치 디보스(Richard M. DeVos 1926~2018)의 '더불어 사는 자본주의'라는 책을 처음 접하고 필자는 신선한 충격을 받았다. 원 제목은 Compassionate Capitalism 직역하면 동정적 자본주의다. 원래 자본주의의 속성은 동정적이지도 않고 더불어 살지도 않는다. 리치 디보스의 이 남다른 생각과 실천이 그를 세계적인 부호이자 자선사업가가 되게 했고 지난 65년간 필자를 포함한 이 땅의 수 없이 많은 1인 기업가들이 창업을 결심하고 성공적인 결과를 만들어 내는데 결정적인 영향을 주고 있다.

더불어 사는 자본주의를 실천하기 위해서는 먼저 스스로 우뚝 서는 자립의 단계로 빨리 진입해야 한다. 당신은 지금 어떤 상태인가? 약육강식에서 '약'의 위치인가 아니면 '강'의 상태인가? 적자생존(The Survival of the Fittest)에서 '적자(the Fittest)'에 해당되나? 부익부 빈익빈에서 어느 쪽에 속하는가? 기울어진 운동장의 내리막을 편하게 달리고 있나? 아니면 오르막을 힘겹게 오르고 있나?

필자는 자립을 이렇게 정의한다. **'삶을 마감하는 순간까지 인간의 존엄성을 훼손 당하지 않고, 다음 세대에게 일체의 심리적 경제적 부담을 주지 않고, 자신의 행복을 추구하면서 살아가는 것.'** 필자가 원하는 자립의 상태는 강자에게 잡아먹히지 않는 상태, 부자에게 빼앗기지 않는 상태, 기울어진 운동장이 수평이 되는 상태다. 평등한 세상을 꿈꾸지만 세상이 절대 그렇게 되지 않는다면 적어도 나 자신부터 똑바로 우뚝 서고 내 주변 사람들이 내게 기댈 수 있고 나아가서 그들도 스스로의 힘으로 바로 설 수 있도록 도와주는 삶을 평생 살고 싶다.

인생을 통틀어 자립에 대한 간절함이 가장 강했던 시절은 미국 이민생활을 시작한 11년 전이다. 일찍이 30대 초반에 1인 기업가로서 성공적인 결과를 만들고 십여 년을 꽃 길만 걷다가 40대 중반에 미국에서 무일푼으로 새로 인생을 시작할 때 겪었던 불안정한 현실과 미래에 대한 불안함은 말로 표현하기 어렵다. 나 하나 제대로 서지 못하면서 한국의 노모와 미성년 자녀까지 부양해야 하는 최악의 상황에서 갈구했던 것이 바로 '자립'이다. 자립에 대한 간절함은 강력한 목표와 행동력을 만들어내었고 필자는 미국에서 다시 1인 기업가로서 성공적인 결실을 맺을 수 있었다.

앞서 정의한 바와 같이 필자가 추구하는 자립은 평생자립(Lifetime

Independence)이다. 젊어서 한때 잘 사는 것이 아니라 삶을 마감하는 순
간까지 행복을 추구하고 심지어 떠난 후에도 주변 사람들에게 선한
영향력을 끼칠 수 있는 삶을 살고 싶다. 백세시대 아니 그 이상의 시
대를 살아가야 하는 우리 세대에게 평생자립은 우리 각자에게 주어진
가장 중요한 숙제다. 그리고 이 과제를 해결하기 위해서는 자신의 노
동력을 투입해서 소득을 얻는 근로자나 자영업자 아니라 시스템을 갖
춘 사업가가 되어야 한다. 그리고 그 사업이 평생자립, 평생사업, 평생
현역, 평생건강, 평생행복 이 모든 것을 가능하게 해주는 사업을 선택
해야 한다. 이 책을 읽는 독자들이 생애주기 전체에 걸쳐 완벽한 자립
을 달성하고, 정년이 없어서 퇴직 걱정 없이 평생을 즐겁게 사업하고,
건강과 행복을 추구하는 삶을 살 수 있기를 소망한다.

살아내야 하는 시대를 살아가는 지혜

새로운 천 년, 뉴 밀레니엄을 기억하는가? 당시에 가장 화두가 되
었던 소재가 유비쿼터스(Ubiquitous, 언제 어디에나 존재한다)였다. 인터넷
환경이 급속도로 발전하면서 냉장고 문 혹은 욕실 거울에 모니터가
내장되어 있고 터치스크린을 통해 인터넷 비서(오늘날의 AI)가 날씨를
체크해 주고 나의 건강 상태를 모니터링 해주는 세상. 원격으로 집안
의 모든 전자제품을 제어하고 옷에도 웨어러블 인터넷 환경이 제공되
고 산간벽지의 시골 마을에서도 원격으로 서울의 대형병원의 의료 서

비스를 받는 세상이 오고, 2020년 정도가 되면 자동차가 하늘을 날아다니게 될 것이라고 했었다.

당시에 30대 초반이었던 필자는 낮에는 직장생활을 퇴근 후에는 내 사업을 열심히 겸업으로 하고 있었다. '20년 뒤에 자동차가 하늘을 날아다니는 세상이 과연 올까?' 하는 생각도 했지만 '2020년이 정말 오나? 그때 나는 어떤 모습으로 살고 있을까?' 하는 생각도 많이 했었다. 그런데 2020년 하고도 4년이 더 지났다. 세월은 빠르게 흐르고 세상은 더 빨리 변한다.

24년 전에 미래학자들이 한 얘기의 상당 부분이 이미 이루어졌거나 근접해 있는 것처럼 지금 학자들이 하는 얘기들도 미래의 일정 시점이 되면 실현되거나 근접해 있을 것이다. 온실가스 배출로 인해 지구는 온난화를 넘어 열대화가 진행되고 있고 극지방의 얼음이 녹아 해수면은 점점 상승하고 기후변화가 가속화되어 기상이변이 더 이상 이변이 아닌 세상이 도래하고 있다. 그 시계를 조금이나마 늦출 수 있으면 좋겠다는 바램을 가지고 있지만 당장 원시의 삶으로 돌아가지 않는 이상은 희망사항이 아닐까 생각한다.

저출생으로 인한 인구절벽 현상과 지방소멸은 가속화되고 있다. 외부에서 인구 유입이 없다는 가정하에서 지구상에서 가장 빨리 인구가 소멸할 국가가 대한민국이라는 통계는 더 이상 놀랍지도 않다. 외국에 나와 살고 있지만 교포사회 역시 대한민국의 영향을 많이 받기에 별반 사정은 다르지 않다. 줄어드는 인구만큼 경제 규모도 축소되고 AI에게 일자리를 빼앗겨서, 늘어난 평균 수명만큼이나 먹거리를 해결하기 위한 대중의 고민과 고생은 가중될 것이다. 동시에 각종 SNS를 통해 실시간으로 소수의 특권층들의 삶을 바라보면서 상대적 박탈감은 커지게 될 것이다. 그 옛날 새마을 노래가 생각난다. "새벽종이 울렸네. 새 아침이 밝았네. 너도 나도 일어나 새마을을 가꾸세~"또 이런 노래도 있었다. "잘 살아보세~ 잘 살아보세~ 우리도 한 번 잘 살아보세. 잘 살아보세~" 우리도 젊은 시절에 부모님 세대를 "꼰대"라고 칭하곤 했다. 그런데 어느새 우리 세대가 MZ 세대에게 꼰대 소리를 듣고 있다. 베이비 부머 이전 세대부터 지금 MZ 세대에 이르기까지 현재 이 땅에 발 딛고 살고 있는 서민들이 과연 열심히 안 살아서 부자로 못 살고 있는 것일까?

모든 시작에는 끝이 있다. 시위를 떠난 화살, 달리는 열차, 이륙한 비행기는 반드시 마지막에 멈춤의 순간이 온다. 우리의 삶도 마찬가지다. 시간(時間)은 글자 그대로 때 시, 사이 간 그러니까 '어떤 시각에서 어떤 시각까지의 사이'다. 우리는 특정 시각에 각자의 삶의 여정을 시작했고, 현재 각자가 정한 목적지를 향해 가고 있고, 그 여정은 각자에게 주어진 미래의 특정 시각에 종료된다. 제한된 삶의 여정을 살고 있기에 오늘 이 순간이 더 소중하게 느껴진다. 코로나19로 인해 지구촌 전체가 팬데믹이라는 어려운 시기를 거쳐왔다. 우리 인류에게는 정말 고약한 바이러스이지만 바이러스 입장에서는 생존과 번식을 위한 지극히 자연스러운 활동이었을 것이다. 마찬가지로 지구를 하나의 생명체로 본다면 우리 인간은 자신들의 번영을 위해 지구를 끊임없이 위협해온 가장 강력한 바이러스 역할을 해오고 있는 셈이다. 회복 불능의 임계치에 다가가고 있는 열대화뿐만 아니다. 지구촌 곳곳에서 벌어지는 전쟁은 이제 변수가 아니라 상수(常數, constant)가 되고 있다. 글로벌 소식을 실시간으로 알 수 있는 시대를 살면서 동시에 뉴스 보기가 두려운 시대를 살아간다. 지금 우리가 살고 있는 이 시대는 훗날 역사에 어떻게 기록될까? 우리는 이 시기를 어떻게 살아내야 하나?

각자도생의 시대다. 산업화 시대의 노동집약적 협업과 분업이 현대 사회에서는 더 이상 적합한 비즈니스 모델이 아니다. 인간이 하던 일이 기계로 혹은 로봇으로 대체되었고 이제 AI로 급속히 대체되고 있다. 2023년 한 해 동안 미국 내 IT업계에서만 AI로 대체되어 해고된 인원이 26만 명이 넘는다. (- layoffs.fyi 제공) 이러한 변화는 제조 유통 서비스업 등 산업 전반에 걸쳐서 나타나고 있고 그 속도는 우리 개인이 따라잡을 수 있는 수준을 이미 넘어섰다. 더욱 심각한 문제는 자본주의가 고도로 성장함에 따라 부의 불평등 분배가 심화되어간다는 사실이다. 고도성장의 시기에 가능했던 직장인들의 내 집 마련 플랜이 저성장 시대에는 더 이상 작동하지 않는다. 정년을 보장하는 평생직장을 구하기도 힘들지만 평생 동안 직장생활을 한다고 해도 근로자의 급여로는 수도권에서 내 집 마련의 꿈을 실현하기가 불가능하다. 아무리 계산기를 두드려봐도 답이 안 나오니 20~30세대 중 다수가 연애도 결혼도 출산도 다 포기하고 '욜로'(YOLO : You Only Live Once. 인생은 한 번뿐이다)의 삶을 살고 있는 것이 현실이다. 그 결과 대한민국은 가임 여성 1명 당 기대되는 출산율을 의미하는 합계출산율이 0.7명으로 전세계에서 가장 낮은 수치를 기록하고 있다.

학교 교육도 위기를 맞고 있다. 19세기 교실에서 20세기 교사가 21세기 아이들을 가르친다는 교육계의 자조적 표현을 빌지 않더라도 제도권 교육이 세상의 변화 속도를 따라가지 못함은 자명하다. 학교 교육을 통해 익힌 지식과 정보의 유통기한이 지극히 제한적이기에 업데이트를 위한 보수교육을 지속적으로 받아야 하고 그마저 효용 가치가 없어지면 완전히 새로운 분야의 학습을 처음부터 시작해야 하는 상황을 맞이하게 된다. 야생의 동물들은 생존의 위협을 받는 상황에서는 번식을 하지 않는다고 한다. 오늘날 우리 사회가 맞이하고 있는 저출생 고령화의 문제는 앞서 언급한 문제들로 인한 필연적인 결과인지도 모른다. 사는 게 참 만만하지 않다. 그럼에도 불구하고 우리는 이 시대를 살아내야 한다.

필자는 베이비 부머 세대의 끝자락 혹은 X세대의 선두에 태어났다. 산업화 시대와 정보화 시대를 모두 경험하고 오늘을 살고 있다. 눈 깜짝할 사이에 반세기가 넘게 흘렀다. 돌이켜 보면 어린 시절 산으로 들로 뛰어다니며 도랑치고 가재 잡던 추억도 있고 한 반에 60~70명씩 콩나물시루 같은 교실에서 학창 시절을 보낸 기억도 있다. 아날로 그 환경에서 학교 교육을 마치고 사회로 진출해 직장 생활을 하면서 정보화 시대를 맞이했다. 퇴사 후 개인 사업을 하면서도 빠르게 변하는 디지털 환경에 눈치껏 적응해서 살아왔다. 지나온 반세기를 반추해 보면 어느 한순간도 만만한 시절은 없었다. 오늘날의 MZ 세대들은 베이비 부머 세대를 기득권 세력으로 규정하지만 당시에는 지금보다 훨씬 열악한 교육 환경과 산업 인프라 속에서 치열한 경쟁을 하면서 생존했다. 그렇게 30~40년을 일하고 은퇴의 시기가 도래했음에도 불구하고 부모를 부양하고 자녀들을 양육하느라 제대로 노후준비를 하지 못해 다시 노동 시장으로 내몰리고 있다. 우리는 지금 **부모 세대와 자녀 세대가 제한된 노동시장에서 함께 경쟁해야 하는 슬픈 현실**을 맞이하고 있다.

산업화 시대든 정보화 시대든 상관없이 자본주의라는 생태계는 기본적으로 강자가 살아남는 약육강식의 정글의 법칙이 적용된다. 살아남은 강자는 더 강한 자에게 잡아먹히지 않기 위해서 몸집을 불려야 하기에 약자에 대한 자비는 기대할 수 없다. 디지털 환경, 온라인 환경이 가속화될수록 강자로의 쏠림 현상은 심화된다. 흔히 말하는 기울어진 운동장의 경사는 날이 갈수록 심해지고 심지어 그 위에 아스팔트가 깔린다.

자본주의라는 생태계의 먹이사슬에서 최하위 단계를 차지하는 것은 당연히 근로자들이다. 단순한 일을 반복하는 직종은 대부분 기계나 로봇으로 이미 대체되었거나 대체되고 있다. 복잡한 일을 반복하는 직종은 차츰 AI로 대체되어 갈 것이다. 흔히 말하는 전문직 종사자도 예외가 아니다. 물론 변화된 환경 속에서 새로운 일자리가 탄생한다고 하지만 그 역시 먹이사슬의 최하위 단계를 벗어나지 못할 것임은 자명하다. 안타깝게도 근로자들은 먹이사슬의 최하위 단계임에도 불구하고 그 안에서 생존을 위한 치열한 경쟁을 지속해야 한다. 진입장벽도 높고 경쟁도 치열해서 쉽게 도태되거나 탈락하는 구조임에도 불구하고 학교 교육을 마치는 대부분의 사람들은 경제활동을 시작하기 위해 이쪽 생태계의 문을 두드린다.

직장생활을 통해 경제적으로 풍요로워지기 어려운 이유는 무엇일까? 첫 번째 이유는 **소득의 원천이 시간과 돈을 맞바꾸는 형태의 노동수입이기 때문**이다. 투입되는 노동 시간에 한계가 있으니 당연히 제한적인 수입을 벌 수밖에 없다. 세계적인 부호 워렌 버핏은 "잠자는 동안에도 돈이 들어오는 방법을 찾지 못한다면 당신은 죽을 때까지 일을 해야만 할 것이다."라고 했다지만 보통의 직장인들이 잠자는 동안에도 돈을 벌 수 있는 방법을 찾기는 쉽지 않다. 노동력의 투입 없이 지속적으로 나오는 수입을 만들기 위해서는 시스템이 잘 갖춰진 프랜차이즈를 운영하거나 임대소득이 나오는 부동산을 소유하거나 하는 등의 방법이 있겠지만 대부분의 직장인들에게는 그림의 떡일 뿐이다. 나중에 이 부분에 대해 자세히 다뤄보도록 하겠다.

두 번째 이유는 **노동시장 역시 시장경제의 원칙이 지배하기 때문**이다. 수요와 공급의 법칙에 의해 형성된 노동시장의 임금은 내가 원하는 수준으로 급격히 상승될 확률은 지극히 희박하다. 고용주 입장에서 근로자의 임금은 고정비 지출이고 기업의 수익성을 결정하는 중요한 변수이기 때문이다. 기업이 구조조정, 경영 합리화 등을 명목으로 감원을 실시하면 해당 기업의 주가가 어김없이 상승하는 것을 보면 기업 경영에 있어서 임금이 차지하는 비중이 얼마나 큰지 알 수 있다. 영세 자영업자들에게 고용된 직원이든 대기업의 직장인이든 시장에서 결정된 자신의 노동력에 대한 가치는 쉽게 변하지 않고 그 결정권 역시 근로자 쪽 보다 사용자 쪽이 주도권을 갖는 것이 일반적이다. 대안이 없는 직장인들은 투잡(Two Job) 쓰리잡(Three Job) 심지어 다수의 직업을 동시에 뛰는 N잡러 마저 감수하지만 퇴근 후 시간을 활용해서 할 수 있는 일들 역시 고부가가치의 일인 경우가 드물고 그쪽 시장 역시 수요와 공급의 법칙에 의해 노동력에 대한 가격이 형성이 되니 경쟁이 치열해질수록 근로자들에게는 불리하다.

　직장인들이 자본주의 먹이사슬에서 최하위라면 자영업자들 역시 비슷한 운명이다. 일할 때만 돈을 번다는 점에서는 직장인들과 비슷하지만 인건비, 관리비, 월세 등의 고정비 지출의 부담 때문에 리스크는 훨씬 크다. 퇴직금에 은행대출까지 받아 영혼을 끌어모아 시작한 영세 자영업은 호시탐탐 골목상권을 위협하는 대기업의 경쟁상대가 되지 못한다. 결국 망하거나 대기업 프랜차이즈의 가맹점으로 전락

한다. 누군가 자영업을 시작해서 망했다는 것은 한 사람의 인생이 혹은 한 가정의 경제가 망가졌다는 것을 의미한다. OECD 국가 중 자영업자 비중이 가장 높은 나라가 대한민국이다. 대기업의 횡포로 자영업이 몰락한다는 것은 대한민국이 무너지고 있다는 것이다. 자본주의의 속성을 감안한다면 이러한 현상은 대한민국 만의 문제가 아니라 지구촌 전체의 숙제라 하겠다.

이 책은 자본주의라는 시스템 안에서 버겁게 살아가는 직장인, 자영업자들에게 안트러프러너(Entrepreneur; 기업가 혹은 창업가)라는 시대적 대안과 방향을 제시한다. 반세기 이상 격동의 세월을 살아오면서 학창시절과 군대시절을 제외하고 30년 가까운 세월을 1인 기업가로 살아왔다. 감사하게도 한국과 미국 두 나라에서 모두 성공적인 사업 결과를 만들었고 축적된 경험을 바탕으로 글로벌로 사업을 확장하고 있다. 남은 인생도 같은 길을 갈 것이니 뼛속까지 사업가라 해도 과언이 아니다. 부디 필자의 작은 경험이 같은 방향을 향해 나아가는 분들에게 조금이나마 도움이 되기를 기도한다.

2024년 9월

미국 아틀란타에서 이형욱 드림

1
PART

세컨드 찬스
(Second Chance)

동시대를 살아가는 타인의 삶을 통해 우리는 삶의 지혜를 얻기도 하고 시행착오를 줄일 수도 있다. 그리고 타산지석, 반면교사의 기회를 얻을 수도 있다. 1인 기업가로서 평생자립의 기반을 닦아온 필자의 경험 역시 독자들에게 긍정적인 영향력을 끼치기를 기대한다. 인간은 망각의 동물이고 과거를 미화하고자 하는 성향이 있음을 알기에 나 자신을 제 3자로 떨어뜨려 놓고 정확한 기록에 근거하여 사실 그대로 기술하고자 한다.

Chapter 1

후반전 킥오프 (Kickoff)

1. 세컨드 찬스(Second Chance)

계획대로 되지 않아도 계획을 세워야 한다

영화 기생충에서 송강호가 했던 명대사가 있다. "가장 완벽한 계획이 뭔지 알아? 무계획이야. 계획을 하면 모든 계획이 다 계획대로 되지 않는 게 인생이거든." 계획대로 되지 않는 게 인생이란 말이 맞긴한데 필자는 "그럼에도 불구하고 계획을 계속 세워야 한다"고 주장한다. 꿈과 목표의 상관관계는 많은 자기계발서적에서 공통적으로 이렇게 설명한다. '목표 = 꿈 + 기한' 필자는 '목표를 미분하면 계획'이 되고 '작성된 계획을 실천하는 과정의 적분이 성공이다.' 라고 정의한다. 그래서 '목표를 미분하고 실행을 적분하라.'가 필자의 슬로건 중하나다. 정리해 보면 꿈과 목표 그리고 계획은 불가분의 관계다. 그래서 우리는 성장을 위해 꿈과 목표를 설정하고 구체적인 행동계획을 세워서 실천을 한다. 때로는 계획대로 실행이 안되고 변수가 발생하기도 한다. 그럼에도 불구하고 우리는 꿈, 목표, 계획을 세우는 일을 반복해야 한다.

전후반 45분씩의 축구 경기처럼 인생의 전반전 45년을 한국에서 보내고 후반전을 미국에서 시작했다. 미국 이민 생활이 11년째니까 후반전 시작하고 10분 정도 경과한 후반 초반이다. 필자의 인생에 또 한 번의 판을 새롭게 짜게 된 것이다. 이번에는 국가를 바꿔서 사업을 시작했으니 정말 큰 판을 바꾼 것이다. 새로운 판에서 새롭게 도전하면서 남들이 흔히 겪을 수 없는 숱한 일들을 경험했다. 다행히 어려운 순간들을 잘 극복하고 성공적인 결과를 만들어가고 있지만 돌이켜 생각해 보면 정말 아찔했던 순간들이 많다. 신앙인으로서 고백하건대 모든 것이 하나님 은혜다. 그리고 필자가 선택한 외길 덕분이다. 비록 국가를 바꿔서 새롭게 도전했지만 사업의 본질은 같다. 어떤 과정을 거치면 어떤 결과가 나오는지 알고 도전한 길이고 그 과정 속에 어떤 대가를 지불해야 하는지 알고 간 길이라 의심 없이 한 길로 묵묵히 뚜벅뚜벅 걸어갈 수 있었다.

잃어버린 17년

버블 붕괴 이후 일본의 경제 상황을 '잃어버린 30년'이라고 표현하는 것처럼, 20대부터 40대 중반에 이르기까지 인생의 황금기에 쌓아 올린 17년간의 노력과 그 결과를 이혼이라는 과정을 통해 잃게 됨으로써 처하게 된 상황을 필자는 잃어버린 17년이라고 표현했다. 실질적인 수입원이 전혀 없는 상태가 되어 당장의 생계를 해결해야 했다. 취업을 해서 사업을 부업으로 진행하고 싶었지만 한국에서 대학을 졸업한 40대 중반의 갓 이민 온 사람을 사무직으로 채용할 미국 기업은 없었다. 여러 군데 취업 지원서를 보냈지만 단 한 곳도 회신이 오는 곳이 없었다. 결국 아내가 재취업을 했다.

하지만 시간이 흘러서 다시 재기에 성공하고 돌이켜 생각해 보니 비록 무형의 자산인 사업체는 잃었지만 17년이라는 세월 동안 쌓았던 사업 경험이야말로 누구도 빼앗아갈 수 없는 진정한 자산이었다. 그리고 절체절명의 간절한 상황이었기에 그 간절함이 재기의 원동력이 되었을 것이다. 그뿐만 아니라 한국에서 인연을 맺은 수많은 성공한 사업가들과 지금 글로벌 시장 개척을 위해 협력하고 연대하고 있으니 모든 상황에 감사할 따름이다.

무에서 유를 창조하다

아내는 생계를 위해 직장을 다니고 필자는 전업으로 사업을 시작했다. 하지만 사실상 개점휴업 상태였다. 명색이 전업 사업가인데 무직의 실업자나 마찬가지였다. 아내의 직장 수입만으로는 생활물가가 높은 뉴욕에서 우리 두 식구 먹고 살기도 빠듯한 상황인데 한국의 가족까지 부양해야 하는 처지라 매달 매달이 적자였고 날이 갈수록 적자폭은 커져갔다. 그 와중에 아내는 내게 대학 진학을 권유했다. 미국에 살지만 일요일에 교회 가는 것 말고는 사회생활이 없는 거의 고립된 생활을 하고 있는 남편이 안쓰러웠던 것 같다. 가뜩이나 마이너스 재정인데 학비까지 지출해야 하는 상황이라 내키지 않았지만 아내의 강력한 권유로 편입 시험을 봤다. 맨하탄에 위치한 뉴욕시립대학교 **Baruch College**에 지원했다. 떨어지리라 생각하고 별 기대 안하고 영어 수학 두 과목 시험을 봤는데 덜커덕 합격을 해버렸다. 감사하게도 수십 년 전에 이수한 한국의 대학 학점을 대부분 인정받아 3학년에 편입했다. 전공은 필자의 평생직업인 안트러프러너십(Entrepreneurship, 기업가정신)으로 정했다. 개점휴업 상태의 사업가가 미국 대학교를 다니면서 자식뻘 되는 젊은 친구들과 함께 공부하며 새로운 환경에 적응하면서 차츰 삶의 균형을 찾아갔다. 새롭게 사람들을 사귀어가며 학업과 사업을 병행했다. 사업 관련 약속이 늘어나고 다시 바빠지기 시작했다. 아내는 퇴근과 동시에 합류해서 함께 뛰었다. 부부가 의기투합해서 완벽한 팀워크로 사업에 매진했다.

당장의 마이너스 재정은 어쩔 수 없더라도 빨리 상황을 반전시켜야 했다. 한국에서 처음 사업을 시작할 때는 2년 정도 버틸 수 있는 재정상황이었는데 이번에는 적자폭이 더 커서 사업의 속도를 더 높여야 했다. 월간 평균수입이 만 불(한화 1,350만 원) 정도가 되어야 마이너스 재정을 면할 수 있었다. 그리고 누적된 적자를 만회하려면 그 이상의 수입이 지속적으로 발생해야 하는 상황이었다. 회사의 비즈니스 매뉴얼을 펼쳤다. 사업적으로 어떤 레벨에 도달해야 월간 수입이 만 불이 되는지 시뮬레이션을 해서 확인하고 그 수준에 도달하는 기한을 1년으로 정했다. 그리고 목표를 달성하기 위한 월간의 계획과 주간의 계획을 구체적으로 세워서 실천을 했고 실제로 1년 만에 그 목표를 달성할 수 있었다. 목표 설정과 관련한 구체적인 내용은 후반부에서 다시 다루도록 하겠다.

2. 아메리칸 드림 아메리칸 웨이
- 다이아몬드를 향한 두 번째 여정

2015년 7월의 어느 날 실리콘 밸리의 한 호텔 세미나에서 백여 명의 청중이 40대 중반의 한 동양인의 강의를 경청하고 있다. 청중의 상당수는 아이비리그 출신의 대기업 고액 연봉자들이다. 이들은 현재의 안정된 삶에 안주하지 않고, 보다 나은 미래를 준비하기 위해 퇴근 후의 시간을 투자해서 자신의 사업을 하고 있다. 직장 내의 다른 동료들과 차이점이 있다면 전공 분야인 IT 관련 창업을 준비하는 것이 아니라 회원제직접판매 업계 1위 기업을 비즈니스 파트너로 해서 창업을 한 1인 기업가(Entrepreneur) 들이다. 필자가 미국에서 사업을 시작하고 2년 만에 처음으로 영어로 대중 연설을 하게 된 것이다. 미리 준비한 강의가 아니었다. 실리콘 밸리의 IT 업계에서 근무하는 사업 파트너와 함께 참석한 비즈니스 미팅에서 현지 리더의 요청으로 즉석에서 이루어진 강연이었다.

고학력 전문직 종사자들을 대상으로 이민 2년 차의 짧은 영어 실력으로 1시간 반 동안 20년 비즈니스 경험을 거침없이 쏟아내는데 어느 누구 하나 딴짓하는 사람이 없었다. 1시간 반이라는 시간이 마치 15분처럼 지나가고 강의장은 뜨거운 열정으로 후끈 달아올랐다. "여러분은 좋은 대학을 졸업하고 좋은 직장을 다니는 우수한 인재들인데 왜 미국 온 지 2년 밖에 안된 초등학생 수준의 영어를 구사하는 사십대 중반의 제 강의를 이렇게 경청하고 있나요? 왜 그렇게 열심히 필기하고 있습니까? 맞습니다. 제가 잘나서가 아니라 우리가 하고 있는 사업이 대단하기 때문입니다. 우리 회사가 진출한 100군데 이상의 국가 중에서 가장 매출이 많은 나라가 어딘지 아십니까? 그렇습니다. 중국입니다. 왜 그럴까요? 사람들은 인구가 가장 많아서라고 합니다. 좋습니다. 그렇다면 두 번째로 매출이 많은 나라가 어딘지 아십니까? 대한민국입니다. 놀라셨지요? 대한민국은 작은 나라입니다. 면적으로는 미국의 50개 주 중 하나인 뉴저지 정도 밖에 되지 않고 인구로는 캘리포니아 정도 밖에 되지 않는 작은 나라입니다. 그런데 이 작은 나라에서 일어나는 매출이 이 회사가 처음 시작한 종주국인 미국보다 많은 현실은 무엇으로 설명하시겠습니까?" 필자는 한국과 미국에서 쌓은 20년의 경험을 집약한 기업가 정신(Entrepreneurship)과 사업 노하우를 아낌없이 후배 사업가들과 나눴다. 그리고 다음과 같은 메시지로 강의를 마무리했다. "많은 사람들이 미국을 기회의 땅이라고 합니다. 그리고 그 기회의 땅에서 자신의 꿈을 이루기 위해 미국행을 선택합니다. 그것이 바로 아메리칸 드림이지요. 그렇다면 과연 지금 이 시대에도 한 세대 전과 똑같은 방식으로 노력하면 아메리칸 드림을 실현할 수 있을까요? 잠자는 시간까지 줄여가며 투 잡(two job) 쓰리 잡(three job) 뛰면서 땀 흘려 열심히 일하면 부모님 세대가 이룬 것과 같은 결과를 얻을 수 있을까요? 저는 우리 사업이 이 시대에 이민자들이 아메리칸 드림을 실현시킬 수 있는 가장 확실한 대안이라고 생각합니다. 과거 한국에서 저는 직장을 다니면서 부업으로 성공적인 결과를 만들었기 때문에 많은 직장인들의 롤 모델(Role Model)이었습니다. 이제 제 꿈은 이민자들의 롤 모델이 되는 것입니다. 40대 중반의 이민자가 2년에서 5년 사이에 이 사업에서 또 한 번 성공적인 결과를 만들어 낸다면 수많은 이민자들에게 꿈과 희망을 나누는 롤 모델이 되리라 생각합니다. 이것이 바로 제가 꿈꾸는 아메리칸 드림입니다. 우리 회사의 이름은 자유와 평등을 건국이념으로 하는 미국식 방식, 아메리칸 웨이(American Way)에서 유래했습니다. 저는 제 아메리칸 드림을 아메리칸 웨이로 성취해 갈 것입니다. American Dream, American Way! 이것이 제 인생 후반전의 슬로건입니다."

아메리칸 드림 아메리칸 웨이

지금 이 순간도 이곳 미국을 기회의 땅이라고 믿고 전 세계에서 많은 사람들이 아메리칸 드림을 실현하고자 다양한 경로를 통해 이주해 오고 있다. 하지만, 필자의 눈에 비친 미국과 미국인 특히 이민자들의 삶의 모습에서, 과연 이 시대에도 과거 산업 시대와 같은 성공의 기회가 존재할까? 하는 의구심이 든다. 어쩌면 아메리칸 드림의 정의가 변하고 실현시킬 꿈의 크기가 축소되었을지도 모른다는 생각도 든다. 우리 동포 사회의 직업의 군을 살펴보면 세탁소, 식당, 네일샵, 미용실과 같은 서비스 업종에 종사하는 분들이 많다. 해당 가게를 직접 운영하거나 종업원으로 일하는 분들이라 노동수입에 의존하는 봉급생활자와 자영업자인 셈이다. 한 세대 전만 해도 노동수입을 통해서도 아메리칸 드림의 실현이 가능했다. 한국인 특유의 근면함과 성공을 향한 강한 집념으로 무장한 우리 부모 세대 이민자들은 잠을 줄여서 두세 가지 직업을 뛰면서 가게를 늘리고 건물도 사고 하면서 나름의 자수성가를 이루셨다. 그렇다면 지금 이 시대에 그분들이 30년 전에 하셨던 똑같은 일을 똑같은 방식으로 잠 안자고 뛰면 같은 결과를 만들 수 있을까? 불가능하다. 이제는 더 이상 열심히 일한다고 해서 성공할 수 있는 시대가 아니기 때문이다. 1970년대 이후로 미국의 근로자들의 임금인상 그래프를 살펴보면 아주 완만한 성장을 하거나 거의 수평인 곡선을 그리고 있음을 알 수 있다. 소비물가는 가파르게 상승하고 교육비 지출은 많아지고 집값 역시 상승하니 부부가 맞벌이를 하지 않고서는 도저히 생계가 유지되지 않는 상황이 되고 나아가 온 가족이 생활전선에 나서야 하는 상황이 되었다. 부모가 자녀의 대학학비를 지원해 줄 형편이 안되면 자녀는 은행융자를 통해서 학비를 충당해야 하고 사회에 진출하는 순간부터 학자금 대출을 상환하는 채무자로 전락하는 악순환이 계속되고 있다. 이렇게 근로자 임금이 제자리 걸음을 하는 동안에 기업 경영층의 임금과 배당금은 천문학적으로 증가해 왔다. 그렇게 마련한 재원으로 그들은 주식 시장과 부동산 시장을 장악하고 그들만의 철옹성을 쌓고 있는 것이다. 이런 악순환 속에서 부익부 빈익빈은 점차 심화되고 고착화 되면서 중산층은 완전히 붕괴되고 대다수 서민들은 재정적 자유를 향한 꿈을 포기하고 생존의 영역에서 사투를 벌이고 있다. 물론 지금도 IT 분야에서 신기술로 무장한 누군가는 실리콘 밸리에서 새로운 아메리칸 드림을 이루고 있다. 하지만 그런 사례는 극소수에 지나지 않는다. 보통의 서민들이 그것도 소수민족 출신의 이민자가 이 땅에서 이룰 수 있는 아메리칸 드림이 과연 무엇이 있을까? 필자는 본인이 28년째 하고 있는 회원제직접판매 사업이 이 시대에 필자와 같은 보통 사람들에게 허락된 아메리칸 드림을 실현시킬 수 있는 유일한 기회이자 현실적인 대안이라고 생각한다.

백의종군

이순신 장군은 두 번이나 백의종군을 하셨다. 현대의 군 계급 체계라면 사령관에서 이등병으로 강등되신 것이다. 그럼에도 불구하고 마침내 삼도수군통제사가 되어 왜구들을 숱하게 물리치고 조선을 위기에서 구해내셨다. 감히 이순신 장군의 위대한 업적에 빗대는 것이 조심스럽지만 상황에 대한 이해를 하는 데 도움이 되리라 생각한다. 한국에서의 성공적인 사업을 다 내려놓고 미국에서 빈손으로 맨바닥에서부터 새롭게 시작하는 필자의 마음은 비장했다. 오랜 세월 한국에서 갈고닦은 실력을 이 넓은 미국 땅에서 유감없이 발휘하리라 다짐했고 이미 가본 길을 다시 가는 것인 만큼 시행착오를 최소화 하고 반드시 성공적인 결과를 만들어 내리라 다짐했다.

하지만 기대했던 만큼 순탄하게 사업이 진행되지는 않았다. 초기에 소개받은 분들이 주로 다른 주에 사는 분들이었다. 한국에서는 장거리라고 해도 5시간 남짓 운전하면 웬만한 곳은 도착할 수 있었지만 뉴욕에 사는데 캘리포니아에 사는 사람을 소개받으면 비행기로 5시간 반을 날아가야 한다. 어떤 때는 5시간 반을 날아가서 바람맞기도 하고, 만남이 이뤄졌는데 소개한 분의 말과는 달리 "자신 없다." "못하겠다."는 사람도 허다했다. 만남을 부담스러워하는 내성적인 사람에게는 비행기 타고 날아갔는데 "근처에 약속이 있어서 지나가다 잠시 들렀다."고 한 적도 있다.

장거리 후원은 시간뿐 아니라 경비도 많이 발생한다. 사업 초기에는 형편이 어려워서 왕복 비행기표를 한 번에 못 끊고 아내의 급여 날짜에 맞춰서 편도로 두 번에 나눠서 항공권을 구입한 적이 한 두 번이 아니다. 우여곡절 끝에 사업을 함께 하겠다는 파트너가 생겨도 만났을 때의 관심과 열정이 헤어져서 비행기 타고 다시 돌아오면 지속적으로 유지되지 않는 경우가 많았다. 갖추어진 시스템 안에서 편하게 사업했던 한국에서의 사업과 완전히 다른 상황이 전개된 것이다. 교육 시스템을 구축하는 것이 급선무였다.

교육 시스템 구축

회원제직접판매 사업은 정보전달 사업이다. 다른 표현으로 교육사업이라 할 수 있다. 하지만 일반적인 교육사업과는 완전히 다른 성격의 교육사업이다. 일반적으로 교육사업이라고 하면 교육이 목적인 사업이다. 대표적인 것이 학원사업이고 교육이 목적인 사업이기에 가르치는 행위를 통해 수입을 창출하는 사업이다. 하지만 회원제직접판매 사업은 교육이 수단인 사업이다. 따라서 이 비즈니스에서의 교육은 사업성장을 위한 수단으로서 존재한다. 따라서 교육 행위를 통해 수입을 창출하는 사업이 아니라 잘 배워서 잘 가르치고 가르치는 방법을 가르침으로써 사업을 성장시켜가는 방식이다.

시스템을 구축함에 있어서 필자가 중요하게 생각하는 것은 누구나 쉽게 따라 할 수 있어야 한다는 것이다. 그래서 정한 원칙이 '**긴 것은 짧게, 어려운 건 쉽게, 복잡한 건 단순하게**'이 세 가지다. 이렇게 하면 쉬운 복제가 일어나고 복제가 쉬워야 사업의 본질인 확장성을 극대화할 수 있다. 회원제직접판매 사업은 양적 성장의 토대 위에 질적 성장이 일어나는 사업이다. 처음부터 정예부대를 구성해서 사업하겠다는 생각은 희망사항이다. 많은 소비자층을 확보한 다음 거기서 꿈과 목표가 있는 잠재 사업가를 발굴해서 리더로 양성하는 방법이 사업의 생산성과 효율성 그리고 수익성을 높이는 효과적인 방법이다.

회원제직접판매의 사업 활동은 크게 개인으로서 해야 할 일과 팀으로 함께 해야 할 일로 구분할 수 있다. 그 중에서 현장에서 제품을 전달하고 사업의 기회를 전달하는 일은 개인이 해야 할 일이다. 이 부분에 있어서 앞서 언급한 대로 누구나 쉽게 따라 할 수 있는 표준화된 교안이 필요했다. 비즈니스 미팅에서 경험이 많은 선배 사업가나 해당 분야 전문가들의 강의를 들을 때는 크게 동기부여가 되고 내용을 이해해도 실제로 현장에서 다른 사람을 상대로 내가 프리젠테이션을 하려고 하면 잘 안되기 마련이다. 사업을 결단한 1인 기업가들은 한 시간 이상 걸리는 강의도 경청하지만 우리가 현장에서 만나는 고객이나 잠재 사업가들은 그 정도의 인내심을 발휘하지 않는다. 특별히 사업 성장의 결정적 열쇠인 사업설명의 경우 핵심적인 내용을 자신 있게 설명하고 비전을 제시할 수 있어야 하는데 이를 위해서는 표준화된 사업설명자료가 필요하고 평소에 그 자료를 활용한 교육훈련이 지속적으로 이루어질 수 있어야 한다. 한국에서도 이런 사업설명 자료를 활용해서 이미 성공적인 결과를 만들어낸 경험이 있기 때문에 누구보다도 그 중요성을 잘 알고 있었다. 강의를 듣고 이해하는 것과 그 내용을 다른 사람에게 설명하는 것은 전혀 다른 차원의 일이다. 들은 내용을 자신의 언어로 만들어서 요약해서 전달하는 능력이 필요하다. 그리고 그러한 능력은 지속적인 교육훈련을 통해서 완성되고 이런 과정에서 형성된 자신감과 열정은 외부적 자극에 의해 형성되는 일시적인 열정과는 차원이 다르다. 학습된 지식과 정보 그리고 훈련을 통해 나의 내면에서 형성된 열정이야 말로 그릿(GRIT, 열정적 끈기)을 만들어 내는 진정한 열정이다. 그리고 그 진정한 열정은 강력한 전파력이 있어서 파급 효과가 크다.

10분 전후로 핵심 내용을 설명할 수 있는 사업설명자료를 필자가 직접 디자인해서 한국에서 인쇄해서 대량으로 들여왔다. 그리고 비즈니스 미팅을 통해 사업설명의 각 슬라이드 마다 핵심 단어와 핵심 문장 중심으로 어떻게 메시지를 전달하면 효과적인지를 직접 시범을 통해 교육하고 훈련을 시켰다. 연습을 하면 자신감이 생기고 자신감이 생기면 열정이 생긴다. 그런 과정을 거쳐서 실전에 적용을 하면 평균 20% 정도의 확률로 성공적인 결과를 만들 수 있다. 열 명에게 사업설명을 하면 꿈이 있는 2명의 사업가를 찾을 수 있다. 과거 한국에서의 17년의 경험으로, 백 번의 사업설명을 한 사업가는 최소한 자신의 사업체를 독립하는 단계까지는 성장한다는 것을 확신했기 때문에 함께 하는 분들께 백 번의 사업설명을 도전할 것을 당부했고 실제로 그 일을 해낸 사업가들은 모두 성공적인 결과를 만들었다. 이후 사업이 확장되면서 영어권 사업가들이 늘어나면서 업데이트 버전을 제작할 때는 영문과 한글을 병기해서 지금까지 잘 활용하고 있다.

사업설명자료와 함께 꼭 필요한 도구가 일정관리를 할 수 있는 비즈니스 플래너다. 일반 다이어리와는 달리 사업가들을 위해 제작된 비즈니스 플래너에는 일정뿐 아니라 사업 전반에 걸쳐 관리해야 할 많은 요소들이 포함되어 있다. 시중에 많은 비즈니스 플래너들이 있었지만 그중에서 필자가 한국에서 사용했던 플래너를 선택해서 대량으로 미국으로 들여왔다. 1인 기업가로서 성공하기 위해서는 철저한 자기관리가 필수적이다. 그리고 자기관리의 첫 스텝은 일정관리이다. 보통은 시간관리라는 표현을 쓰는데 실제로는 쉼 없이 흘러가는 시간은 관리의 대상이 아니다. 우리가 할 수 있는 일은 그 흘러가는 시간에 점을 찍어서 의미를 부여하는 것이다. 구체적인 행동 계획을 세우고 실천하려는 노력이 우리를 성장시킨다. 일정관리를 스마트폰 앱에 의존하는 사업가들이 있는데 당장은 편리할 수 있으나 사업 전반을 체계적으로 관리해가기 위해서는 인쇄된 종이 위에 직접 적어서 하는 것이 훨씬 효과적이다. 사업 성장에 있어서 핵심 요소인 복제를 염두에 둔다면 팀 차원에서 통일된 비즈니스 플래너를 사용할 것을 권장한다.

원 클릭 어웨이(One Click Away)

장거리 후원에서 가장 어려운 부분은 후속조치이다. 만남의 빈도에 따라 후속조치의 성패가 좌우되는데 한 달에 한 번 혹은 두 달에 한 번의 만남으로는 효과적인 후속조치가 이뤄지기 어려웠다. 당시에는 팬데믹 이후에 보편화된 줌(zoom)과 같은 화상통화 소프트웨어 프로그램이 없던 시절이었다. 실리콘 밸리의 한 IT기업에서 근무하는 파트너가 회사에서 사용하는 소프트웨어를 이용해서 매 주 온라인 비즈니스 미팅을 주최해줄 것을 요청했다. 실제로 효과가 있었다. 다섯 시간 반 비행기를 타고 가서 만나서 후원한 분들이 매주 한 자리에 모여서 화상으로 미팅을 했다. 컴퓨터 화면을 대형 TV 스크린에 연결해서 미러링(mirroring)을 하고 필자는 뉴욕에서 원격으로 강의를 하는 방식이었다. 다음 번 만남까지의 공백을 매주 온라인 미팅으로 대체하니 지속적인 후속조치가 가능했고 리더들과의 상담도 전화로 하는 것 보다 훨씬 효과적이었다.

온라인 시스템을 팀 전체에 복제하기 위해 당시 화상통화의 선두주자였던 스카이프(Skype) 프로그램을 활용했다. 비즈니스 미팅에서는 시청각 자료를 사용해야 할 경우가 자주 발생하는데 당시 스카이프에는 화면공유와 같은 기능이 없어서 다소 원시적인 방법을 활용했다. 카메라에 화이트보드를 직접 비추면 반사가 되어서 내용이 제대로 전달이 되지 않아 도화지를 사용하기도 하고 PPT 자료를 이메일로 미리 보내어서 강의를 들으면서 현장에서 따로 PPT를 시연하거나 각자 개인 스마트폰에서 PPT를 열어서 참고하게 하는 방식 등 할 수 있는 방법은 다 동원했었다. 쌍방향 소통이 필요한 비즈니스 미팅은 스카이프를 이용하고 일반 강의는 유튜브 라이브 스트리밍을 활용했다. 미국의 동부와 서부는 세 시간의 시차가 있다. 같은 동부 시간대의 사업 파트너들은 뉴욕에서 필자가 진행하는 현지 미팅을 스카이프나 유튜브 라이브 스트리밍으로 참여하고 서부에는 서부 시간에 맞춰서 따로 미팅을 했다. 세 시간 시차 덕분에 남들보다 하루 세 시간 더 일할 수 있는 기회가 생긴 셈이다. 그리고 생업에 종사하느라 혹은 시차 때문에 등 이런저런 이유로 제 시간에 미팅에 참석하기 어려운 분들을 위해서 미팅 영상은 다 따로 촬영, 녹화, 편집해서 별도의 팀 웹사이트에 제공함으로써 보충학습이나 복습이 가능하도록 지원하고 있다.

이렇게 우리 팀은 온라인 시스템이 팬데믹 훨씬 전부터 일찌감치 정착이 된 덕분에 팬데믹이 터졌을 때 아무런 심리적 부담이 없었다. 미리 훈련된 우리 팀은 코로나가 가장 극심했던 2020년 상반기에 비약적인 사업 성장을 이룰 수 있었다. 시스템의 원리를 제대로 이해한 사업가는 **개인으로서 해야 할 일과 팀원으로서 해야 할 일**을 정확히 주지하고 양쪽에 제대로 된 힘을 쏟게 된다. 모여야 할 때 모이고 흩어져야 할 때 흩어질 줄 아는 **이합집산(離合集散)에 능한 사업가와 팀이 사업 성장 속도가 빠르다.** 온라인과 오프라인이 결합된 형태의 비즈니스를 필자는 전기와 휘발유를 함께 쓰는 자동차에 빗대어서 **하이브리드(Hybrid) 미팅**이라고 명명했다. 이러한 미팅 형태는 글로벌 비즈니스를 꿈꾸는 사업가들에게 이상적인 비즈니스 모델이 될 것이다.

온라인 비즈니스 환경의 발전은 회원제직접판매 사업 성장에 큰 기폭제가 되었다. 특히나 미국처럼 영토가 넓은 나라에서는 거리의 한계를 극복할 수 있는 효과적인 수단이 되었다. 코로나19로 인해 교회를 비롯한 종교 단체도 비대면으로 예배나 종교 행사를 진행하게 되자 온라인 환경의 사용자층이 디지털에 취약했던 시니어 층으로까지 확대되면서 대중화되었다. 덕분에 비즈니스에도 빠른 복제가 일어나는 계기가 되었다. 우리 사업의 경우 처음부터 사업가로 조인하는 경우 보다 소비자로 머무르다가 나중에 사업적인 관심을 갖게 되는 경우가 많다. 이때 사업을 검토하는 과정이 필요한데 가장 효과적인 방법은 비즈니스 미팅에 참석하는 것이다. 온라인 비즈니스 환경은 미팅 참석에 대한 진입장벽을 획기적으로 낮추었다. 특정 시각에 특정 장소에 도착해야 참석 가능했던 비즈니스 미팅을 마우스 클릭 한 번으로 할 수 있는 시대가 된 것이다. 필자는 이를 '**원 클릭 어웨이**'(One Click Away; 마우스 클릭 한번 할 만큼의 거리다)라고 표현한다. 한 가지 아쉬운 점이 있다면 진입장벽이 낮아진 만큼 미팅에 임하는 사업가들의 자세도 이전만 못하다는 안타까움이 있다. 이 부분은 우리 사업가들이 함께 풀어가야 할 숙제라고 생각한다. 나름의 대안을 제시한다면 초대에 있어서는 낮은 진입장벽을 적극 활용하고 미팅에 임하는 자세에 있어서는 사업가 스스로가 심리적 진입장벽을 높여서 미팅의 가치와 중요성을 높이는 마음가짐이 필요하다 하겠다.

올림픽 수영 자유형 100미터 결승전 출발선에 서 있는 선수들을 본 적이 있는가? 8명의 선수들이 각자 피부 색깔이 다르고 신장이 조금씩 차이가 나긴 하지만 체형은 거의 똑같다. 오랜 세월 속에서 검증된 비슷한 훈련 프로그램으로 같은 동작의 운동을 반복한 결과라 할 수 있다. 수영에는 자유형, 평영, 배영, 접영 이렇게 네 가지 영법이 있다. 그중 자유형은 말 그대로 프리 스타일(free style)이다. 만약 더 빨리 결승점에 들어올 수만 있다면 평영이든 배영이든 접영이든 어떤 영법을 구사해도 되고 심지어 평영 발차기에 접영 스트로크처럼 영법을 혼합해서 구사도 된다. 아니면 자신만의 독특한 영법을 개발해서 도전해도 된다. 하지만 결승전에 오른 선수 8명 중 어느 누구 하나 다른 동작을 하는 사람이 없다. 똑같은 입수 동작, 똑같은 호흡, 똑같은 스트로크, 똑같은 발차기로 백분의 일초의 경쟁을 한다. 동일한 인풋(input, 입력)이 들어가면 동일한 아웃풋(output, 출력)이 나오는 것, 이것이 시스템의 원리다.

2024년 파리 올림픽 여자 양궁 단체전에서 대한민국이 10회 연속 금메달을 차지했다. 양궁 단체전이 처음 시작된 1988년 이래 단 한차례도 1위 자리를 내어 준 적이 없다. 전문가들은 축적된 노하우를 바탕으로 구축된 공정하고 체계적인 대표 선발 시스템과 첨단 훈련 시스템이 그 비결이라고 입을 모은다. 비단 스포츠뿐 아니라 일반 비즈니스의 세계에서도 시스템은 중요하다. 잘 구축된 교육 시스템을 활용하는 방식으로 진행하는 회원제직접판매 사업에 있어서는 시스템을 잘 갖추는 것이 무엇보다 중요하다. 한국에서 사업했던 시절에는 이미 잘 갖추어진 시스템을 활용하기만 하면 되었는데 미국에서는 그런 시스템을 직접 짜야 했기에 그 중요성과 소중함을 누구보다 잘 알고 있다.

해병대 예비역 친목회에서, 30년 이민생활을 통해 비즈니스로 크게 성공하시고 은퇴하신 선배님 한 분이 내게 직업을 물어보셨다. 내가 하고 있는 사업에 대해서 간략하게 설명을 드리고 한국에서 17년 동안 했던 일을 여기서 새로 시작해서 10년 넘게 하고 있다고 말씀 드렸더니 선배님 말씀이 "잘은 모르겠지만 한국에서 했던 일을 여기 서 똑같이 할 수 있다면 그건 대단한 사업이다."라고 하셨다. 많은 이 민자들이 한국에서 했던 일과 전혀 상관없는 일을 하면서 살아가는 데 똑같은 일을 할 수 있다는 사실 만으로도 대단한 일이고 행복한 것 이라고 말씀하셨다. 순간 예전에 뉴질랜드 파트너가 했던 얘기가 떠 올랐다. 한국에서 시작한 사업이 날로 커져서 국제적으로 사업을 확 장하게 되었고 마침내 뉴질랜드에서 결실을 맺어서 수석다이아몬드 가 될 수 있었다. 미국과 캐나다처럼, 뉴질랜드와 호주는 원 마켓(One Market)이다. 뉴질랜드 파트너들의 사업 지원의 일환으로 호주 시장을 개척하고자 함께 호주 시드니까지 가서 사업을 한 적이 있다. 그때 동 행했던 리더 중에 여행사를 오랫동안 운영해오신 분이 있었는데 그분 이 비슷한 얘기를 했었다. 자신의 꿈은 한국의 여행사를 본사로 해서 뉴질랜드와 미국 세 군데에서 같은 시스템으로 회사를 운영하는 것이 었는데 나라마다 사업 환경이 달라서 도저히 불가능했고, 한국 방식 으로 뉴질랜드에서 할 수도 없었고 뉴질랜드 방식을 다시 배워 시장 을 키우려고 하니 한국 시장은 포기할 수밖에 없더라는 것이다. 결국 미국 진출은 시도조차 할 수 없었다고 했다. 그런데 필자와 동행하면 서 똑같은 시스템으로 한국과 뉴질랜드 그리고 호주에서까지 사업하 는 것을 지켜보고 이 사업이 얼마나 대단한지 알겠다고 했다. 차별받 지 않는 동등한 기회를 제공하는 성공할 수 있는 사업이 있고 그 사업 에서 어떻게 하면 성공할 수 있는지 방법을 알고 있다면 이미 절반은 성공한 것이나 다름없다. 남은 것은 실행에 옮겨서 결과로 증명해 내는 일이다. 결국 나와의 싸움이고 시간과의 싸움이다. 현실에 안주해서 살아가고자 하는 자신과의 싸움에서 이겨야 한다. 우리는 모두 시한부 인생이다. 한정된 시간을 살다가 떠나는 인생이라 성취의 속도가 빠를수록 남은 시간의 삶의 질이 높아진다. 때문에 선택과 집중을 통해 변화하고 성장하여 시간과 재정의 자유를 얻는데 도달하는 기간을 최대한 단축시켜야 한다.

'간절히 원하면 이루어진다.'

'간절히 원하면 이루어진다.'라는 문장은 자기 계발과 관련한 책들에 자주 등장하는 표현이다. 하지만 여기에는 많은 함정이 있다. 그중 첫 번째가 간절함을 계량화할 수 없다는 점이다. 나의 간절함은 도대체 얼마만큼의 간절함일까? 실제로 비즈니스 상담을 해보면 성공에 대한 간절함을 피력하는 사람인데 실제 사업적인 활동은 자신이 얘기한 간절함에 못 미치는 경우를 발견할 때가 있다. 현장에서의 사업활동은 동행하지 않으면 알 수 없지만 비즈니스 미팅에 임하는 자세만 봐도 나머지 사업활동도 충분히 미루어 짐작할 수 있다. 성공은 간절하다고 하면서 사소한 개인 일정과 비즈니스 미팅 일정이 겹쳤을 때 미팅이 우선순위에서 쉽게 밀려버리는 것을 보면 안타깝다. 이런 경우는 둘 중 하나다. 간절하지 않으면서 간절하다고 했거나 아니면 그 사람이 얘기한 간절함이란 단어의 정의나 강도가 필자가 생각하는 그것과 다른 것이다.

정말로 '간이 절여질 것 같은' 간절함이 있으면 그 간절함에 걸맞은 행동이 나오기 마련이다. 그런 행동이 끊임없이 반복되는 과정 속에서 세렌디피티(Serendipity) 현상을 경험하게 된다. 간절히 원하고 최선을 다해 노력했을 때 하늘이 감동해 나타나는 현상이 '세렌디피티'다. 사전적 의미는 완전한 우연으로부터 중대한 발견이나 발명이 이루어지는 것을 의미한다. 예를 들면, 플레밍이 배양실험을 하는 도중에 실수로 잡균인 푸른 곰팡이를 섞어 주입함으로써 발견하게 된 항생물질이 페니실린이다. 또, 3M 사에서 초강력 접착제를 개발하려다 실패작으로 탄생한 것이 우리가 지금도 애용하는 쉽게 떼다 붙였다 하는 포스트잇 메모지다. 하지만 세렌디피티는 단순한 행운과는 다르다. 세렌디피티는 목표를 갖고 끊임없이 노력하는 과정 속에서 찾아오는 행운이다. 사막에서 우물을 파겠다는 간절한 목표로 열심히 땅을 파다가 엄청난 양의 석유가 매장된 유전을 발견하게 되었다면 우물 못 팠다고 속상해할 일이 아니지 않은가? 비즈니스를 하다 보면 이런 사례는 자주 발생한다. 매달 목표를 설정하고 그 목표를 달성하기 위해 간절한 소망으로 최선의 노력을 다하면 생각지도 않았던 고객의 주문이 나오고 소개가 나오기도 한다. 어떤 사람을 사업 파트너로 만들기 위해 많은 시간을 투자하여 여러 번 찾아갔는데도 불구하고 아무리 공을 들여도 결과가 안 나올 때 시간 낭비가 아닐까 후회를 하면서도 계속하다 보면 우연히 동석하게 된 어떤 분이 비전을 보고 큰 사업가로 성공하는 경우가 허다하다. 다시 강조하지만 이러한 일들은 단순한 행운이 아니다. 우선 나 자신의 간절함이 바탕이 되고 거기에 상응하는 노력이 수반되었을 때 하늘이 감동해서 세렌디피티가 발동하게 되는 것이다. 별똥별이 떨어지는 그 찰나의 순간에도 외칠 수 있을 만큼 간절한 꿈을 가져야 한다. 그리고 명확한 목표를 설정해야 한다. 그리고 기필코 이루리라는 신념으로 끊임없이 도전해야 한다.

"People want your Glory, but they don't want your Story.

They want your Blessings, but they don't want your burdens.

People want to have what you have, but they don't want to go

through the fire you went through to get it."

— Jeanette Coron

"사람들은 당신의 영광을 원하지만

당신의 스토리는 원하지 않습니다.

그들은 당신의 축복을 원하지만 당신의 짐을 원하지는 않습니다.

사람들은 당신이 가진 것을 갖고 싶어 하지만

당신이 그것을 얻기 위해 겪은 불길을

겪고 싶어 하지는 않습니다."

3. 다섯 가지 성공법칙(5 Success Core)

필자는 원래는 성공이라는 단어를 사용하는 것을 선호하지 않는다. 성공이라는 단어가 그 정의도 다양하고 판단 기준이 다분히 주관적이기 때문이기도 하지만 성공이라는 말은 자칫 잘못하면 인간을 교만하게 만들기 때문에 즐겨 쓰지 않는다. 그리고 무엇보다도 성공이라는 단어가 느끼게 하는 시제가 완료형이기 때문에 좋아하지 않는다. 개인적으로 성공이라는 표현은 생을 마감하는 시점에 스스로에게 딱 한 번만 쓰고 싶다. 왜냐하면 정말로 끝날 때까지는 끝난 게 아니기 때문이다. 삶의 여정 속에서 자신이 정한 목표를 달성하고 또 새로운 목표를 세우고 달성하는 일을 반복해 나가는 것은 성공이 아니라 '성취'라고 해야 좋을 것이다. **'신이 쉼표를 찍은 곳에 마침 표를 찍지 말라.'**는 유명한 말씀도 같은 맥락이라고 생각한다. 그래서 필자는 완료형 시제인 성공이라는 표현보다는 진행형 시제인 성취라는 표현을 선호한다. 삼십 대 초반에 남들이 부러워하는 위치에 도달했다. 많은 사람들이 내가 이룬 결과를 놓고 성공이라고 했고 나를 성공자라고 지칭했다. 그리고 그 위치를 십 년 이상 누리면서 평생을 편안하고 행복하게 살 수 있을 거라고 생각했었다. 나도 모르게 내 안에서 교만이 자라고 있었다. 사십 대 중반에 비즈니스와 상관없이 갑자기 찾아온 위기, 실은 오랜 세월에 걸쳐서 진행되었지만 필자가 감지하지 못한 탓에 더 큰 충격으로 다가온 위기 앞에 지혜롭게 대처하지 못하고 표류하기 시작했다. 표류와 추락을 거듭하고 정신을 차려보니 지구 반대편 뉴욕에 맨 몸으로 서 있었다. 인간은 나락으로 추락했을 때야 비로소 자신의 교만을 깨닫고 진정으로 절대자에게 삶을 의지하게 된다. 고등학교 시절 아버지가 교통사고로 뇌수술을 2번 받으시고 더 이상 사회생활을 못하시게 되어 소년 가장이 되었을 때, 해병대 시절 육체적 한계를 뛰어넘는 훈련을 감당해야 했을 때, 잘나가던 사십 대 중반의 사업가에서 갑자기 나락으로 떨어졌을 때 필자가 의지할 수 있는 분은 하나님 밖에 없었다. 미국에서 인생의 후반전을 새로 시작하면서 제일 우선순위로 둔 것이 새벽예배다. 당시에 출석했던 교회는 집에서 승용차로는 20분 정도의 거리였는데 차가 없던 시절이라 새벽 4시에는 집을 나서야 버스를 타고 지하철을 갈아타서 교회에 도착하면 5시 반 새벽예배 시작 시간에 맞출 수 있다. 비가 오나 눈이 오나 빠짐 없이 새벽 예배를 드리면서 하나님과 인격적인 만남을 가지고 이러한 시간 속에서 비즈니스와 관련한 다섯 가지 성공 원칙을 세울 수 있었다. 지금부터 소개하는 다섯 가지 성공 원칙은 그 당시 기준으로 십 칠 년 동안 한 가지 사업에 매진하면서 교육 시스템 안에서 배운 내용들을 대중들을 위해 일반화 한 것이다.

1) 배움을 멈추지 않는다

배움의 과정은 성장의 과정이다. 배움을 멈추는 순간 성장이 멈춘다. 육체적 성장은 사춘기가 지나면 멈추지만 배움을 멈추지 않는 한 정신적인 성장은 지속 가능하다. 배움의 과정은 듣기-말하기-읽기-쓰기의 순서로 진행된다. 듣지 않으면 말할 수 없고 읽을 줄 모르면 쓸

줄도 모른다. 결국 모든 배움의 출발은 듣기에서 시작된다. 사람이 귀가 둘이고 입이 하나인 이유가 많이 듣고 적게 말하라는 의미라고 하지 않던가? 28년을 비즈니스를 진행하면서 많은 부류의 사람들을 상대해 보았다. 타인의 말을 경청하는 사람이 있는 반면 남의 말은 들으려고 하지 않고 자기 주장만을 피력하는 사람이 있다. 예외의 경우도 있지만 평균적으로 통계를 내보면 잘 사는 사람들이 못 사는 사람들보다, 젊은 사람들이 나이 많은 사람들 보다 타인의 말을 경청하는 경향이 있음을 발견할 수 있었다. 업계에서 나름 동기부여 연설 능력이 뛰어나다는 평가를 받고 있지만 실제로 필자가 가장 잘 하고 자신 있는 분야는 듣기 능력이다. 사업가가 갖춰야 할 최고의 덕목이 바로 경청의 기술이다. 우리는 상대가 누구든 만남과 소통을 통해 무엇인가를 배울 수 있다. 하다못해 상대방의 부정적 경험도 반면교사로 삼으면 되기 때문에 하나도 버릴 것이 없다. 대화, 강의, 대중연설 그 어떤 내용이든 경청하고 나에게 필요한 정보를 습득하는 배움의 자세가 내적 성장을 위해 가장 중요한 자세라고 생각한다. 미국 생활을 시작하고 사십 대 중반의 늦은 나이에도 불구하고 뉴욕 시립대학교에 편입을 한 이유도 영어를 배우려는 목적도 있었지만 미국의 정치, 경제, 사회, 문화의 전반을 제도권 교육을 통해 습득하고자 하는 의지가 있었기 때문이다.

어휘력이 지적 능력이다. 어린 아이들은 구사할 수 있는 어휘의 숫자가 제한되어 있기 때문에 자신의 감정이나 생각을 정확히 표현하는 어휘를 찾지 못하면 소리를 지르고 운다. 성인이 되어도 나이에 걸맞은 교육과 사회 경험을 쌓지 못하면 그에 상응하는 어휘력을 습득하지 못하게 되고 그로 인해 표현력 역시 부족할 수밖에 없다. 그래서 다소 노골적인 표현이지만 어휘력이 지적 능력이라고 하는 것이다.

비즈니스에서도 마찬가지이다. 어떤 비즈니스이든 거래를 성사시키기 위해서는 성공적인 프리젠테이션은 필수이다. 성공적인 프리젠테이션을 위해서는 잘 만들어진 시청각자료도 중요하겠지만 가장 중요한 것은 상대방의 마음을 움직일 수 있는 스피치이다. 회원제직접판매 사업도 마찬가지이다. 초기 사업가들이 가장 힘들어 하는 부분은, 선배 사업가로부터 설명을 들을 때나 세미나에서 강의를 들었을 때는 이해가 되는데 자신이 이해한 내용을 다른 사람에게 전달하려고 하면 맘먹은 대로 잘 되지 않는다는 것이다. 이유는 간단하다. 아직 비즈니스와 관련한 어휘들이 자신의 것이 되지 않았기 때문이다. 이를 극복하는 방법 역시 간단하다. 반복해서 많이 듣고 읽는 것이다. 듣고 읽는 일을 반복하면 이해하는 수준을 넘어서 듣고 읽은 말과 글들이 내 어휘로 자리매김 하게 되고 나에게 맞게 가공되어 외부로 표출할 수 있게 된다. 그래서 성공한 선배 사업가들이 제공하는 교육 시스템은 사업가들에게 지속적으로 반복학습 할 수 있는 자료들을 통일성 있게 제공하고 있다. 시스템에서 제공하는 검증된 자기계발 서적을 꾸준히 읽고, 성공한 선배 사업가들의 스피치가 담겨 있는 음원을 매일 듣고, 교육 시스템에서 주최하는 각종 세미나에 빠짐없이 참석하면서 배우는 것을 멈추지 않는다면 비즈니스는 지속적으로 성장할 수 있다. 교육 시스템의 성공 원리는 사고의 복제에 있다. 그리고 그 사고의 복제는 반복에 의해 이루어진다. 반복의 미학을 깨닫고 즐기는 단계에 도달하면 이미 리더로 성장한 자신을 발견하게 될 것이다.

2) 배운 것은 바로 실행한다

앞서 제시한 책과 음원은 집이나 차에서 혼자 읽고 들으며 공부할 수 있다. 하지만 비즈니스 미팅은 다르다. 회원제직접판매 사업에서 미팅 참석은 성공의 필수조건이다. 미팅에 참석하지 않고 성공한 리더가 없다. 그래서 성공한 리더들이 한결같이 강조하는 것이 미팅이다. '미팅에 나와야 성공한다.'는 항진명제이다. 하지만 이 명제를 '미팅에 나오기만 하면 성공한다.'로 해석하면 큰 오류를 범하게 된다. 미팅에서 배운 내용을 실행하지 않고 묵혀두면 그 지식은 죽은 지식이 된다. 그리고 입력되는 지식의 양은 많아지는데 배운 것을 실행하지 않으면 머리만 점점 커지고 발은 상대적으로 작아지는 가분수가 되어서 점점 활동성이 떨어지는 악순환이 반복된다. 그런 상태가 지속되면 결국 미팅에만 참석하는 미팅 건달이 되게 된다. 배운 것을 실행하는 과정 속에서 우리는 크고 작은 시행착오를 경험하게 된다. 이것이 큰 자산이다. 그 경험을 안고 다음 미팅, 그 다음 미팅에 반복해서 참석하면서 해답을 얻고 시행착오를 개선해 나가면서 리더로 성장하게 되는 것이다. 미팅에 참석해서 제품에 대해 배우면 바로 사용해 봐야 한다. 써보고 좋은 느낌을 자랑하는 것이 사업의 출발이다. 제품의 성분과 특장점을 아무리 이론으로 숙지한다고 해도 직접 사용해보지 않으면 어느 누구에게도 제대로 자랑을 할 수 없다. 기왕에 하는 자랑인데 보다 체계적으로 하기 위해서 제품에 대한 이론을 공부하는 것이다. 배워서 써보고 감동을 전달하고 이것을 반복하면 애용자가 되고 나아가 마니아가 된다. 제품을 주변에 자랑하다 보면 자연스럽게 소비자가 생기게 된다. 그 소비자들을 나처럼 애용자가 될 수 있도록 잘 안내하는 것이 우리 사업가들의 몫이다. 그리고 그 애용자들에게 사업의 기회를 설명해서 나처럼 사업가가 되도록 안내하는 것이 우리 사업가들이 실행해야 할 중요한 업무이다. 그리고 이 모든 과정들이 원활하게 진행되도록 도와주는 것이 교육 시스템이다. 아무리 좋은 교육 시스템이 지원을 해도 자신의 실행이 현장에서 뒷받침되지 않으면 시스템의 실질적인 수혜자가 될 수 없다. **'안다'와 '한다'는 자음 한 자 차이지만 그 결과는 하늘과 땅 차이다.**

3) 횟수에 도전한다

회원제직접판매 비즈니스에서 미팅 초대에 대한 일반 공식은 4배수 법칙이다. 네 명을 초대하면 두 명은 거절, 두 명은 오겠다고 한다. 오겠다고 말한 두 명 중에 실제로 오는 사람은 한 명이다. 결국 한 명을 초대하고 싶으면 네 사람, 두 명을 초대하고 싶으면 여덟 사람을 초대하라는 의미이다. 1/4의 확률이면 아주 높은 확률이다. 흔히 아웃바운드 텔레마케팅(Outbound Telemarketing)의 경우 성공 확률이 2%라고 한다. 전화 100통 걸어서 계약 2건을 성사 시킨다는 뜻이다. 거절 받는 과정 속에서 심한 경우 크게 마음에 상처를 받을 수 있다. 그래서 해당 업종에 종사하시는 분들을 감성노동자라고 한다. 하지만 프로페셔널한 텔레마케터라면 98번의 거절 때문에 속상해서 일을 그만두지 않는다. 왜냐하면 150번 하면 3 건 200번 하면 4건이 성사된다는 것을 경험을 통해서 알기 때문이다. 미팅 초대에 있어서 1/4 그러니까 25%의 확률을 30% 이상으로 끌어올리는 좋은 방법을 소개한다. 우선, 초대하고자 하는 사람을 제품의 애용자로 먼저 만들어 보라. 제품을 많이 써 본 사람일수록 회사에 대한 신뢰가 높고 미팅 초대가 잘 된다. 우리 사업가가 해야 하는 궁극적인 역할은, 예비 신랑 신부를 연결시켜주는 중매쟁이처럼 회사와 고객을 연결시켜주는 역할이다. 내 고객이 우리 회사와 우리 회사의 제품과 사랑에 빠져서 평생 함께 할 수 있도록 안내하고 마케팅에 매료되어 적극적으로 광고하도록 안내하는 역할이다. 믿을 만한 중매쟁이 일수록 당사자들도 믿고 만남을 가질 것이고 신뢰감을 주는 사업가일수록 상대가 편견 없이 사업을 알아보도록 안내할 수 있을 것이다. 28년 전 필자도 같은 경험을 했다. 당시에 회사를 다니면서 퇴근 후 부업으로 학생들을 과외 지도하는 일을 하다가 지금의 사업을 만났다. 10년 부업으로 작은 학원 하나 차리는 것이 목표였던 필자에게 대형 입시학원 원장님이 사업을 전달했다. 사교육 분야에서 이미 크게 성공한 분이 사업을 전달했으니 중매쟁이로 치자면 최고였던 셈이다. 하지만 아무리 중매쟁이가 훌륭해도 배우자 선택은 당사자들의 몫이듯, 사업을 선택하는 것 역시 각자의 몫이다. 좋은 중매쟁이 덕분에 필자는 편견 없이 객관적으로 사업을 검토해 보고 결정을 했다. 훗날 필자는 사업을 소개한 그분이 사업을 중단해도 그로 인해 부정적인 영향을 받지 않고 사업을 성공적으로 진행할 수 있었다. 왜냐하면 이미 그때는 회사와 회사에서 제공하는 제품과 마케팅과 깊은 사랑에 빠져버렸기 때문이다. 명심해야 할 것은 초대에 임할 때 당당한 자세를 가져야 한다는 것이다. 상대방이 초대에 응해서 감사할 일이 아니다. 우리가 그들에게 성공의 기회를 제공하는 것임을 잊지 말자. 제품을 구입하는 고객, 회원가입을 하는 고객에게는 감사의 마음을 표해야 하겠지만 사업을 전달할 때에는 당당한 자세가 필요하다. 때문에 초대와 관련해서는 스크립트를 준비해서, 암기해서 당당하게 전달해야 한다. 고백하건대 초기 사업자 시절 필자는 자신이 없어서 강의나 스피치 뿐 아니라 전화 통화까지 모두 원고를 작성해서 외어서 했었다.

4) 과정을 즐긴다

이렇게 준비가 되면 결과에 상관없이 횟수에 도전하면 된다. 그리고 그 과정을 즐기면 된다. 왜냐하면 실패의 반대편에 성공이 있는 것이 아니라 실패 그 너머에서 성공이 우리를 기다리고 있기 때문이다. 그래서 우리 비즈니스에서는 성공과 실패는 동의어이고 성공의 반대말은 실패가 아니라 포기다. 거절의 과정을 즐긴다는 말이 잘 이해가 안 될 수도 있다. 거절의 과정 그 자체가 즐거울 리가 있는가? 하지만 그 거절과 실패의 결과가 성공이란 것을 안다면 기꺼이 감내할 수 있기에 즐기라고 하는 것이다. 파나마의 국민 영웅 카라스키아를 상대로 4전 5기의 역전 드라마를 펼친 홍수환 선수의 세계타이틀전이나

2002년 한일 월드컵에서 4강의 신화를 쓴 태극전사들의 경기를 생각해보라. 생중계로 보면 손에 땀을 쥐게 하고 심장이 쿵쾅거리는 경기들도 결과를 알고 녹화 방송으로 다시 보면 한 장면 한 장면을 즐길 수 있다. 포기하지 않으면 성공하는 우리 사업의 특성을 이해한다면 시간이 얼마나 더 걸리냐 덜 걸리냐의 문제이지 결과는 이미 나와있는 것이란 사실도 이해할 것이다. 그렇다면 이제 당신은 그 과정을 즐길 수 있다.

5) 성공적인 결과를 만들어 낸다

간혹 자기계발 서적이나 동기부여 강사들의 스피치에서 "결과에 연연하지 않고 과정에 충실한다." 혹은 "최선을 다했으면 그걸로 만족한다."는 표현을 접하게 되는데 필자는 동의하지 않는다. 앞서 필자가 얘기한 '과정을 즐긴다.'는 그 결과값을 기대할 수 있기 때문에 가능한 것이다. 과정도 중요하다. 하지만 결과는 더 중요하다. 비즈니스에서 가장 중요한 것은 클로징(closing, 계약체결)이다. 작게는 소매 판매에서부터 크게는 대형 공사 수주 계약에 이르기까지 모든 비즈니스 활동은 클로징이 이루어지지 않으면 결과값은 0이다. 성공적인 결과를 만들기 위한 전제조건은 '올바른 방향'이다. 그리고 올바른 방향을 설정하고 도전하기 위해서는 '무엇을 선택할 것인가?'와 '누구를 따라갈 것인가?' 이 두 가지 질문에 대한 명확한 답을 가지고 있어야 한다. 회원제직접판매 사업을 진행함에 있어서 '무엇을 선택할 것인가'의 문제는 어떤 회사를 비즈니스 파트너로 선택할 것인가의 문제이다. 그리고 '누구를 따라갈 것인가'의 문제는 자신이 속한 교육 시스템에 대한 충성도와 그 안에서 실질적으로 나를 이끌어 줄 멘토에 대한 팔로워 (follower)로서의 자세의 중요성을 의미한다. 이 두 가지가 해결된 사람은 올바른 방향으로 전진할 수 있고 열정과 끈기로 무장하여 달려가면 반드시 성공적인 결과를 기대할 수 있다.

2
PART

안트러프러너
(Entrepreneur)

Chapter 2

1인 기업 전성시대

바야흐로 1인 기업 전성시대다. 인터넷과 정보화로 대변되는 4차 산업혁명 시대의 온라인 비즈니스 환경은 SNS 인플루언서, 유튜브 크리에이터 등 다양한 1인 기업의 비즈니스 모델을 창출하고 있다. 오프라인의 비즈니스에 비해 상대적으로 진입장벽이 낮고 리스크가 적어 꿈과 목표, 열정과 끈기를 가진 1인 기업가들이 각자의 분야에서 성공을 향해 나아가고 있다.

기업의 목적은 이윤추구에 있다. 이윤은 매출을 기반으로 한다. 비즈니스를 성장시키는 레버리지의 힘은 결국 OPT OPM에서 나온다. (OPT: Other People's Time 다른 사람의 시간, OPM: Other People's Money 다른 사람의 돈.) 더 많은 사람들이 내가 만든 제품을 구입하고, 내 가게에서 구입하고, 내 콘텐트를 소비하기 위해 시간과 경비를 더 많이 지출할수록 내 비즈니스는 더 성장한다. 내가 구축한 플랫폼이 온라인이든 오프라인이든 결국 충성도 높은 고정고객을 누가 얼마나 많이 확보하느냐에 따라 비즈니스의 성패가 결정된다. 앞서 언급한 SNS 인플루언서나 유튜브 크리에이터를 예를 들어보자. 콘텐츠를 공급하는 온라인 비즈니스의 경우 진입장벽이 낮기 때문에 경쟁이 치열하다. 특별히 한국어로 제공되는 콘텐츠의 경우 소비자층이 대부분 한국인 혹은 한국어를 이해할 수 있는 외국인으로 제한되기 때문에 영어 콘텐츠에 비해 확장성에 한계가 있고 그런 만큼 더 경쟁이 치열하다 하겠다. 필자가 1인 기업가들을 위해 유튜브를 통해 제공하는 강의 영상도 채널 구독자가 거의 한국사람들 혹은 한국어가 가능한 사람들이다. 구독자의 분포를 지역별로 분석해보면 필자는 미국에 거주하는데 시청자의 90%이상이 한국에 거주하는 분들이다. 한 사람의 소비자가 복수의 공급자를 구독하고 팔로우 할 수 있지만 한 명의 소비자가 동시에 여러 콘텐츠를 소비할 수는 없다. 결국 양질의 콘텐츠를 지속적으로 생산 공급해야 소비자를 내 채널에 머무르게 할 수 있고 새로운 소비자를 확보해 사업을 키워갈 수 있다. 하지만 콘텐츠의 품질과 조회수가 항상 일치하는 것은 아니다. 그래서 더 많은 정보 소비자를 확보하기 위해 해시태그를 활용하는 수준을 넘어서 자극적인 제목과 썸네일을 써서 대중의 관심을 끌기도 한다. 심지어 검증되지 않은 내용 혹은 가짜 뉴스를 유포하는 이들도 존재한다.

기업가 그 중에서도 모험적인 창업가를 의미하는 **안트러프러너**(Entrepreneur)라는 단어는 프랑스어에 뿌리를 두고 있다. "수행하다"

또는 "손에 쥐다"를 의미하는 고대 프랑스어 "entreprendre"에서 파생되었다. 안트러프러너는 원래 새로운 사업이나 프로젝트를 착수하고 관리하는 사람을 의미했으나 시간이 지남에 따라 스타트업 기업이나 1인 기업 같이 이윤 창출을 목표로 위험을 감수하고 비즈니스를 조직 및 관리하는 개인을 통칭하는 용어로 광범위하게 사용되고 있다. 필자는 **시스템을 갖추고 사업을 확장시켜가는 1인 기업가에 대한 통칭**으로 안트러프러너를 사용하고 있다. 회원제직접판매 사업을 하는 1인 기업가야말로 대표적인 안트러프러너라 할 수 있고 우리 사업에서 널리 사용하는 표현이다.

오늘날 미국에서 안트러프러너라는 단어가 보편적으로 사용되고 있는 것에 비해 상대적으로 대한민국에서는 활용도가 떨어지는 것 같다. 실제로 대한민국의 경제활동 인구 중 안트러프러너의 비중이 높은 것에 비해서는 덜 알려지고 덜 사용되고 있는 것이 사실이다. 나름 원인을 찾아본다면 발음하기 어려운 탓도 있으리라 생각한다. 영어 단어 strike 를 한글로 표기하면 '스트라이크'가 된다. 영어에서는 1음절인데 우리말로는 5음절이다. 아마도 '안트러프러너'라는 한글 표기가 음절의 숫자가 많아 발음하기가 편하지 않고 긴 단어나 문장을 줄여 쓰는데 익숙한 MZ 세대들의 취향에 맞지 않아서 그런 것이 아닐까 하는 추측을 해본다. 이유야 어찌되었든 '1인 기업가' 전성시대를 살아가면서 안트러프러너는 글로벌로 사용하는 용어이니 친숙해질 필요가 있다.

안트러프러너의 사업가적 마인드셋(mindset)을 **안트러프러너십**(Entrepreneurship, **기업가 정신**)이라 한다. 안트러프러너십에 대한 연구와 조사에 있어서 가장 권위가 있는 곳은 **글로벌 직접판매 기업 암웨이**(Amway)다. 이 회사는 2010년부터 매년 Amway Global Entrepreneurship Report(AGER)를 발표해오고 있다. AGER는 전 세계적으로 기업가 정신과 창업에 관한 데이터 및 연구 결과를 제시하는 보고서다. 2023년 11월 8일자 싱가포르의 미디어 아웃리치(Media OutReach)에 실린 2023년 글로벌 안트러프러너십 리포트를 살펴보자.

제목 : 포스트 팬데믹 시대, 사업 시작의 '뉴 노멀' 공개

암웨이가 후원해서 진행된 이번 연구는 팬데믹 이후 글로벌 안트러프러너십의 현황을 조사하여 싱가포르를 포함한 15개국 15,000명 이상의 응답자로부터 데이터를 수집하고 주요 시사점을 제시했다.

10명 중 6명 정도가 창업에 관심이 있다. 대다수의 사람들이 중요하게 생각하는 것은 사업을 시작할 것인지의 여부가 아니라 언제 시작할 것인지에 관한 것이다. 37%는 이미 사업을 하고 있거나 내년 내에 사업을 시작할 계획이다.

더 많은 사람들이 사업을 시작하는 데 필요한 자원(necessary resources)**이 있다고 생각한다.**
자본 조달(raising capital)은 코로나19 팬데믹 이전 2019년과 마찬가지로 사업을 시작하는 데 가장 큰 장벽으로 인식되지만, 사람들은 이전보다 지금이 장벽이 덜하다고 생각한다. 이제 39%는 사업을 시작하는 데 필요한 자원이 있다고 생각한다. 이는 2019년 35% 보다 증가한 수치이다.

새로운 유형의 상거래는 더 높은 수준의 수용(greater levels of accep-tance)**을 촉발한다.**

전자상거래와 디지털 기술은 코로나19 팬데믹 기간 동안 엄청난 성장을 경험했으며, Amway Global Entrepreneurship Research에 따르면 현재 77%가 소셜 미디어를 통해 편안하게 제품을 구매하고 있다. 실제로 싱가포르인의 81%가 소셜 미디어를 통해 편안하게 제품을 구매하고 있다.

설문조사에 참여한 사람들의 절반 이상이 자신들의 지인 중에 안트러프러너가 있어서 사업에 대한 의지가 더 커진다.

기업 활동에 참여하는 사람과 긴밀한 관계(close relationship)를 유지하면 더 사업에 대한 의지가 커지고 덜 부담스럽게 받아들이는 기회가 된다. 글로벌로 59%의 설문 참여자가 안트러프러너인 친구나 가족이 있다. 싱가포르인의 54%가 사업을 갖는 것이 바람직한 기회라고 생각한다.

세상은 그 어느 때보다 더 준비되어 있다.(The world is more ready than

ever.)

　연구에 따르면 지금은 안트러프러너가 되기에 좋은 시기다. 67%는 이미 사업을 시작한 사람을 알고 있을 때, 자신의 사업을 갖는 것이 바람직한 기회라고 생각한다. (~2019년 58%에서 증가.) 96%는 부수입을 추구하는 것이 훌륭하거나 지극히 정상적이고 괜찮다고 생각한다. 싱가포르에서는 62%가 사업을 시작한 사람을 알 때 자신의 사업을 갖는 것이 바람직한 기회라고 생각한다.

　암웨이의 CEO 밀린드 판트(Milind Pant)는 "암웨이 글로벌 안트러프러너십 리포트(AGER) 만큼 기업가 정신에 대한 태도를 폭넓게 조사한 연구는 없다. 사람들은 그 어느 때보다 기업가적 벤처(entrepreneurial venture)를 시작할 준비가 되어 있다. 세상에는 더 많은 안트러프러너가 필요하며, 그들의 지속적인 사업 성장을 위해 유리한 비즈니스 환경을 제공하는 것이 매우 중요하다." 라고 말했다. 프리랜서(freelancing), 임시직(gig work), 직접 판매(direct selling), 프랜차이즈(franchising) 및 기타 비즈니스 기회 사이에서 사람들은 새로운 기준(new normal)을 완전히 수용하고 있으며 엄청난 규모로 늘어나고 있는 안트러프러너를 위한 무대가 전세계적으로 마련되고 있다.

　"이 연구에서 얻은 지식과 밝혀진 동향을 통해 암웨이는 암웨이 사업가들을 지원하고 사람들이 더 나은, 건강한 삶을 살 수 있도록 돕는 길을 계속할 수 있다. 이 연구는 자신의 사업을 시작하고 기업가로서의 잠재력을 최대한 발휘하기를 원하는 전 세계 모든 사람에게 매우 귀중한 것이다."라고 아시아 지역 사장이자 최고 전략 및 기업 개발 책임자인 아샤 굽타(Asha Gupta)는 덧붙였다.

AGER의 첫 번째 버전은 2010년 암웨이 유럽 안트러프러너십 리포트로 발표되었다. 이 연구는 2013년에 전 세계로 확대되었으며 안트러프러너십의 통찰(perception)에 대한 세계 최대, 최장 기간의 글로벌 연구다. 2023년에는 캐나다, 독일, 홍콩, 인도, 이탈리아, 일본, 중국, 말레이시아, 멕시코, 싱가포르, 대한민국, 대만, 태국, 미국, 베트남에서 10개의 질문이 출제되었다. 연구를 위해 암웨이는 Reputation Economy Advisors와 협력하여 Ipsos Global Advisor를 활용하여 주요 AGER 결과와 통찰력을 제공했다.

AGER을 통해 확인한 것 같이 오늘날 안트러프러너, 즉 내 사업을 창업해서 도전하는 것은 시대적 요구이자 흐름이라 하겠다. 바야흐로 1인 기업가 전성시대가 도래한 것이다.

Chapter 3
프로슈밍 안트러프러너
(Prosuming Entrepreneur)

1. 다이렉트 셀링(Direct Selling, 직접판매)

미래 학자 앨빈 토플러(Alvin Toffler, 1928~2016)는 제3의 물결(The Third Wave, 1980)에서 처음으로 프로슈머(Prosumer)의 개념을 설명했다. 프로슈머는 생산자를 의미하는 프로듀서(Producer)와 소비자를 의미하는 컨슈머(consumer)의 합성어다. 당시 앨빈 토플러가 정의한 프로슈머는 '자신의 사용이나 만족을 위해 제품, 서비스 또는 경험을 생산하는 사람들'이었지만 정보화 시대가 도래하고 생산과 소비의 단계가 축소되고 경계가 모호해지면서 점차 다양한 유형의 프로슈머가 나타나고 있다. 광고와 유통은 생산자 입장에서는 항상 어려운 숙제다. 투입 대비 산출을 극대화하기 위해 역사적으로 다양한 마케팅이 시도되었고 그 중 하나가 **다이렉트 셀링(Direct Selling, 직접판매) 방식**이다. 제품 혹은 서비스를 구입해서 사용하는 역할만 하던 소비자가 생산자의 영역인 광고와 유통에 적극적으로 가담하고 이로 인해서 발생한 매출에 대한 이익을 생산자와 소비자가 공유하는 방식이 다이렉트 셀링 방식이다. 대한민국의 국세청에서는 이 사업의 종목을 **회원제직접판매, 전자상거래업**으로 분류하고 있다. 그리고 이렇게 광고와 유통에 적극적으로 가담해서 수입을 창출하는 소비자를 프로슈머라고 정의할 수 있다.

제3의 물결이 출간되고 26년이 지나 출간된 부의 미래(Revolutionary Wealth, 2006)에서 앨빈 토플러는 다음과 같이 말했다. "앞으로 프로슈머 경제가 폭발적으로 증가함에 따라 새로운 백만장자들이 수두룩하게 나타날 것이다." (Prosuming, they forecast, is about to explode and compel radical changes in the way we measure, make and manipulate wealth.) 그리고 그 혜택은 고도의 숙련된 지식노동자를 다수 보유하고 있는 한국 중국 등이 수혜를 입을 것이라고 말하고 있다. 회원제직접판매 방식은 생산자와 소비자가 직거래하고 이익을 공유하는 독특한 비즈니스 모델이라 할 수 있는데 이 기업들이 온라인 시대를 맞이하여 플랫폼 비즈니스의 새로운 모델을 구현하고 있다. 기존 오프라인을 바탕으로 해서 시작한 온라인 비즈니스 모델이라 반석 위에 세운 성이라 할 수 있다. 고품질의 제품을 지속적으로 공급할 수 있는 생산 설비와 유통망이 확보되어 있고 기존 오프라인 시장에서부터 확보해온 충성도 높은 애용자들이 함께 온라인으로 진출했기 때문에 이렇게 구축된 온라인 쇼핑몰은 독자적인 공급망과 소비망을 모두 갖추고 있어서 스스로 파이를 키워나가는 **자가증식**(自家增殖) **시스템을 갖춘 독보적인 플랫폼**이라 하겠다.

2. 플랫폼 비즈니스(Platform Business)

직접판매 기업의 온라인 플랫폼을 설명할 때 페이스북(Facebook)과 아마존(Amazon)의 비즈니스 모델을 예로 들 수 있다. 페이스북과 아마존은 전혀 다른 비즈니스 모델이다. SNS의 대명사인 페이스북은 온라인 상에서 친구를 늘려가는 말 그대로 소셜 네트워크(Social Network, 사회관계망)이다. 페이스북의 유저들은 페이스북을 통해서 친구를 늘리고, 관계도 형성하고, 유익한 정보를 얻는다. 하지만 유저들이 이러한 일반적인 온라인 소셜 활동을 통해서 수입을 창출하지는 못한다. 아마존은 서플라이 네트워크(Supply Network, 공급망)이다. 셀 수 없이 많은 업체들이 아마존을 통해 제품을 유통시키고 있다. 명실 상부한 온라인 만물 백화점이다. 편리한 온라인 쇼핑을 희망하는 소비자 입장에서는 아마존만큼 매력적인 웹사이트가 없다. 아마존을 통하면 자신이 원하는 대부분의 상품들을 합리적인 가격에 편리하게 구입할 수 있다. 하지만 이런 구매활동을 통해서 소비자가 돈을 벌 수는 없다. 회원제직접판매 기업의 온라인 플랫폼은 페이스북과 아마존의 비즈니스 모델이 결합된 형태라고 할 수 있다. 페이스북에서 친구를 늘리듯 회사에서 제공하는 퍼스널 웹사이트에서 회원을 늘리고, 아마존에서 쇼핑을 하듯 각자 자신이 원하는 제품을 해당 웹사이트에서 구매한다. 하지만 가장 중요한 차이는 이런 활동들을 통해서 수입을 창출할 수 있다는 것이다. 그것도 지속적으로 발생하고 점차 증가하는 그리고 다음 세대에게 상속도 가능한 인세적인 수입을 만들어 갈 수 있다.

플랫폼 비즈니스의 개념과 일반적 유형을 알아보고 필자와 같은 안트러프러너들이 회원제직접판매 기업과 협력해서 구축해가는 온라인 플랫폼의 차별화된 특성을 살펴보자. 원래 플랫폼의 사전적 정의는 기차나 전철에서 승객들이 타고 내리는 승강장을 의미하는데 비즈니스 관점에서 현대적으로 정의하면 다양한 상품을 생산하거나 판매하기 위해 공통적으로 사용하는 유형, 무형의 구조를 의미한다. 한마디로 서비스의 핵심 기반이 되는 틀을 일컫는 표현이다. 우버(Uber Technologies Inc.)는 세계에서 가장 큰 택시회사이다. 하지만 직접 보유하고 있는 택시는 한 대도 없다. 미국 샌프란시스코에 본사를 두고 2009년에 설립 된 이 회사가 하는 일을 정확하게 표현하면 온라인 운송 연결 회사(online transportation network company)이다. 스마트폰의 앱을 플랫폼으로 해서 일반 택시 보다 경제적인 가격으로 이용하고 싶어하는 승객과, 가장 근거리에 있는 손님을 맞춤형으로 태움으로써 시간 낭비를 줄이고 싶어하는 운전자를 연결해주고 커미션을 받는 회사다. 엄밀하게 표현하자면 택시회사가 아니라 택시의 천적 회사인 셈이다. 우버의 하루 운행 건수는 2천7백만 건에 달한다. 월간 1억 4천 2백만

명의 능동적 플랫폼 소비자(active platform consumers)와 6백 5십만 명의 운전자가 우버라는 플랫폼을 통해서 만나고 있다. 2023년 9월 말 기준으로 70개 국가 10,500개 도시에서 연간 1,410억 달러 한화로 183조 3천억 원(달러당 1,300원 기준)이라는 천문학적 매출을 기록하고 있다. (- investor.uber.com 제공.) 2023년 대한민국 예산 총액이 639조 원, 대한민국을 대표하는 기업인 삼성전자의 2022년 연간 매출 총액이 302조 원인 것을 감안하면 손바닥만한 스마트폰 안에서 우버라는 플랫폼을 통해 만들어지는 매출이 경이롭다.

자신의 집을 빌려주는 숙박업을 희망하는 사람과 보다 합리적인 가격에 숙박을 희망하는 사람을 온라인으로 연결해주는 에어비앤비(Airbnb Inc.)도 플랫폼 비즈니스의 성공 사례이다. 미국 샌프란시스코에 본사를 두고 2008년에 창업한 에어비앤비의 2023년 3분기 실적보고서(Third Quarter 2023 Results)에 의하면 에어비앤비는 현재 전세계 거의 모든 국가에서 사업을 진행하고 있으며 400만 이상의 숙박 리스트를 제공해서 15억 명 이상의 게스트를 맞이했다고 밝히고 있다. 명실상부한 세계에서 가장 큰 숙박업체라 하겠다. 하지만 우버가 단 한 대의 택시도 보유하지 않은 것처럼 이 회사도 온라인 앱을 플랫폼으로 비즈니스를 하기 때문에 직접 소유하고 있는 숙박업소는 한 곳도 없다.

온라인 쇼핑몰의 대명사인 아마존은 역사적으로 가장 성공한 플랫폼 비즈니스 모델이다. 1994년 온라인에서 책을 판매하는 인터넷 서점으로 출발한 아마존은 차츰 사업영역을 확장해서 오늘날 전자상거래 시장을 **아마존과 그 밖의 회사들**로 나눌 만큼 독보적인 기업으로 성장했다. 뿐만 아니라 2003년부터 아마존 웹 서비스(aws: amazon web services) 라는 이름의 클라우드 컴퓨팅 서비스를 제공, 오늘날 아마존 시가총액의 절반 이상을 차지하고 영업이익의 75%를 차지할 만큼 비중이 큰 사업으로 성장했다. 2003년이면 일반 소비자들은 데이터 저장 서비스에 대한 인식도 제대로 못하던 시기였고 거대 소프트웨어 기업들도 시장성이 없다고 생각하던 시기에 아마존은 시장을 선점해서 **클라우드 컴퓨팅 플랫폼**을 구축했다. 온라인 비즈니스 플랫폼을 기반으로 성장한 아마존이 이제 오프라인의 택배시장도 장악해가고 있다. 2023년 아마존은 UPS, 페덱스(FedEx)를 제치고 미국에서 가장 많은 물량을 배송한 **택배**회사가 되었다. 미국우편공사(USPS: United States Postal Service)을 제외하고, 사기업 택배회사 중에 배송량 1위를 차지한 것이다.

다시 전자상거래 얘기로 돌아가보자. 온라인 쇼핑몰은 해당 웹사이트에 대한 고객들의 인지도와 충성도가 커지면 커질수록 더 많은 업체들이 샵인샵(Shop in Shop) 형태로 들어와서 B2B(Business to Business) 시장을 확장시켜 나가게 된다. 아마존의 경우 이렇게 개인이나 중소규모 사업자들이 자신들이 만든 제품을 아마존 사이트에 론칭하고 아마존이 고객에게 배송하는 제 3자 사업(Third-party business) 뿐 아니라 아마존이 직접 상품을 매입해서 판매하는 자사사업(First-party business)도 병행하고 있다. 한국의 대형마트들이 자체 브랜드 상품을 출시하는 것과 비슷한 방식이다. 지금까지 소개한 아마존의 성공신화들은 무엇을 토대로 했을까? 1994년 창업 당시 제프 베조스의 안트러프러너십과 지난 30년 간 그가 발휘한 리더십의 결과라고 평가할 수 있다. 하지만 다른 관점에서 바라보면 아마존의 성장은 프라임 멤버십을 가진 충성도 높은 고객층을 바탕으로 이뤄졌다.

BACKLINKO(backlinko.com)에서 제공하는 **아마존 프라임 유저와 수익 통계 2024** (Amazon Prime User and Revenue Statistics 2024)에 따르면, 2005년에 처음 프라임 서비스를 시작, 2011년 이후로 비약적으로 성장해서 2023년 말 현재 25개 국가에서 2억 명이 넘는 프라임 회원이 아마존 플랫폼을 이용하고 있다. 프라임 회원들을 대상으로 진행하는 이벤트인 아마존 프라임 데이(Amazon Prime Day) 동안의 매출이 2023년에 129억 달러, 한화로 16조 7천 7백억 원에 달했다. 2022년 1년간 프라임 멤버십 회원들이 납부한 **연회비 총액이 352억 2천만 달러, 한화로 45조7천 8백6십억 원이다.** 연간 139불, 18만원 정도의 연회비를 지불하는 프라임 멤버들은 소비활동의 상당부분을 아마존 이라는 플랫폼을 이용한다. 프라임 비디오(prime video) 프라임 뮤직(prime music) 등의 스트리밍 서비스와 기타 부가서비스들을 포함하지만 아마존 플랫폼의 핵심 사용자인 프라임 회원은 온라인 쇼핑을 주목적으로 연회비를 내고 멤버십을 유지하고 있다. 그들은 기존의 소비활동은 물론

이고 새로운 아이템에 대한 소비도 아마존을 통해 검색해서 구매할
만큼 플랫폼에 대한 강력한 충성도를 발휘하고 있다.

3. 소비자 주도형 플랫폼 비즈니스
(Consumer-led Platform Business)

앞서 살펴본 아마존, 우버, 에어비앤비에서 우리는 몇 가지 공통점
을 확인할 수 있다. 우선, 각자의 비즈니스 영역에서 **시장선점** 효과를
톡톡히 누리고 있다. 그리고 시장선점 효과를 통해 승자독식의 시장
구조 만들어냈다. 그리고 시장을 독점하게 되면 플랫폼의 이용자들을
지배하게 된다. 소비자나 공급자 양쪽 모두 거대 **플랫폼에 예속**되게
된다. 소비자의 연회비나 사용요금을 인상하거나 공급자의 수수료를
인상하거나 하는 등의 사업활동에 대한 모든 결정을 플랫폼을 소유한
기업이 가지고 있다. 일반 소비자가 누릴 수 있는 혜택이라면 서비스
이용의 편리함 정도라 할 수 있다. 매출에 대한 이익을 플랫폼 기업이
독점함은 말할 것도 없다. 파이의 대부분은 거대 플랫폼이 차지하고
플랫폼에 제품 또는 서비스를 공급하는 이들은 파이의 부스러기를 갖
게 된다고 해도 과언이 아니다. 공급자들 역시 플랫폼에 종속된 자영
업자에 지나지 않기 때문이다.

우리가 회원제직접판매 기업의 플랫폼 비즈니스에 주목해야 할 이

유가 있다. 외견상 앞서 언급한 플랫폼 기업들의 비즈니스 모델과 비슷해 보이지만 본질적으로 다른 부분이 있기 때문이다. 바로 소비자들에게 사업의 기회를 제공한다는 점이다. 회원제직접판매 기업은 안트러프러너를 꿈꾸는 이들에 기회의 장을 제공한다. 자본, 기술, 생산 인프라, 공급망, 재고관리 등 사업을 진행함에 있어서 위험요소가 되는 부분은 온전히 회사가 담당하고 안트러프러너들은 회사가 제공하는 플랫폼을 이용해서 자신의 사업을 펼쳐나가는 방식이다. 아마존, 우버, 에어비앤비는 소비자에게 확장성을 제공하지 못하고 이익이 회사에 집중되는 **모노**(mono, **단일**) **플랫폼** 방식이라면 회원제직접판매 기업의 플랫폼은 사업을 개시함과 동시에 안트러프러너가 플랫폼의 또 하나의 축이 됨으로써 **듀얼**(dual, **이중**) **플랫폼** 구조로 사업이 시작되고, 사업을 확장시키면서 **멀티플**(multiple, **다중**) **플랫폼**, 나아가 **언리미티드**(unlimited, **무한대**) **플랫폼**으로 성장할 수 있다.

회원제직접판매 기업 중 특별히 제조업의 기반 위에 구축된 플랫폼, 그리고 오랜 세월 오프라인에서 충성도 높은 고객층을 확보한 상태에서 만들어진 플랫폼이라면 보다 강력한 시장 경쟁력을 지속적으로 유지할 수 있다. 일상생활에 필요한 소비재를 직접 생산하고 그 제품을 자사 플랫폼을 통해 안트러프러너로 활동하는 회원 소비자들에게 독점적으로 공급함으로써 차별화된 고객 충성도를 확보할 수 있다. 이렇게 고도로 충성도를 발휘하는 안트러프러너들은 아이폰의 마니아들처럼, 떠나지 않는 평생 소비자이자 동시에 적극적인 사업가인 것이다. 이들은 적극적으로 주변에 광고하고 다른 소비자를 유치하는 활동성 강한 소비자 즉 프로슈머들이다. 고도로 학습되고 훈련된 프로슈머 집단을 보유한 글로벌 회원제직접판매 플랫폼은 주력 아이템이 겹치지 않는 다른 기업들의 구애를 받을 수밖에 없다. 해당 플랫폼에 론칭되는 순간 매출이 급등하는 기회를 맞게 되기 때문이다. 기업과 안트러프러너들이 만나서 탄탄한 **B2C**(Business to Consumer) **플랫폼**을 구축하고 이를 기반으로 검증된 품질의 협력기업들의 제품이나 서비스를 론칭해서 강력한 **B2B**(Business to Business) **플랫폼**을 구축한다. 동시에 안트러프러너들은 자발적으로 사업가와 소비자를 늘려가는 **C2C**(Consumer to Consumer) **플랫폼**을 구축함으로써 사업을 확장해나간다. 정리해서 얘기하자면, 글로벌 직접판매기업의 플랫폼은 회사와 1인 기업가들이 협력해서 동반 성장하는 **자가증식**(自家增殖) **시스템**을 갖춘 독보적인 플랫폼이고 이 플랫폼을 통해 사업을 진행하는 1인 기업가들은 '**프로슈밍 안트러프러너**(Prosuming Entrepreneur)'라고 정의할 수 있다.

Chapter 4

현금흐름 사분면
(Cashflow Quadrant)

1. 소득의 유형을 파악하라

자기계발도서 특히 부의 원리와 재무 교육 분야에서 가장 대중적인 사랑을 받은 책을 꼽으라면 필자는 주저하지 않고 로버트 기요사키(Robert Kiyosaki)의 '부자아빠 가난한 아빠' 시리즈를 선택할 것이다. 2001년 5월 로버트 기요사키가 한국을 처음 방문했을 때 필자는 올림픽 체조경기장에서 그의 강연을 직접 들은 적이 있다. 그 강연에서 로버트 기요사키는 자신의 책이 베스트셀러가 되기까지의 일화를 소개했다. '부자아빠 가난한 아빠' 원고를 완성하고 여러 출판사들을 접촉했으나 단 한 출판사에서도 좋은 반응을 받지 못했다고 한다. 결국 그는 직접 출판사를 만들어서 최소 인쇄 부수인 천 권의 책을 출판을 한다. 그런데 문제는 그걸로 끝나지 않았다. 출판된 책을 서점에 납품을 하는데 그 어떤 서점도 무명 출판사의 생소한 제목의 책을 받아주지 않았던 것이다. 결국 로버트 기요사키는 친구가 운영하는 주유소의 가판대에 책을 몇 권 진열 했다. 그리고 마침 그 주유소에서 주유를 하던 한 성공한 1인 기업가가 독특한 제목의 책을 발견하고 두 권을 구입해서 한 권은 자신이 읽고 또 한 권은 자신의 멘토에게 선물한다. 책의 내용에 감동한 멘토가 본인이 이끄는 안트러프러너 전체 그룹의 필독서로 추천해서 '부자 아빠 가난한 아빠'는 순식간에 베스트셀러가 되었다. 광고 한번 하지 않고, 서점과 같은 기존 유통에 의존하지도 않고 순식간에 베스트셀러 작가가 된 로버트 기요사키는 자신의 운명을 바꿔준 글로벌 회원제직접판매 1위 기업과 그 사업가들의 집단 구매력과 교육 시스템에 크게 관심을 갖게 되고 연구를 시작한다. 그렇게 해서 탄생한 책이 바로 '부자 아빠 가난한 아빠 2편-현금흐름 사분면'이다.

로버트 기요사키는 경제활동을 통해서 발생하는 수입을 크게 네가지로 분류해서 그것을 사분면으로 표시하고 있다. 좌측 상단의 사분면이 근로자(Employee), 좌측 하단의 사분면이 자영업자(Self-Employed), 우측 상단 사분면이 사업가(Business Owner), 그리고 우측 하단 사분면이 투자가(Investor)다. 지구상에 존재하는 수만 가지의 직업이 이 네 개의 카테고리 속 어딘가에 들어갈 수 있다는 것이다. 가운데 세로 선을 중심으로 좌측면에 위치한 근로자와 자영업자의 공통점은 수입을 일으키는 방식이 시간과 돈을 맞바꾸는 방식이라는 것이다. 이러한 수입을 노동 수입(Active Income)이라고 정의했다. 노동 수입과 관런해서는 이 책의 서문에서 필자가 근로자와 자영업자들이 자본주의 생태계 먹이사슬의 최하위를 못 벗어나는 이유에 대해서 이미 밝힌 바 있다.

1) 소득의 원천이 시간과 돈을 맞바꾸는 형태의 노동수입
2) 노동시장 역시 시장경제의 원칙이 지배
3) 고정비 지출의 부담 – 건물주 혹은 금융권에 예속
4) 대기업과의 경쟁에서 도태되거나 예속(프랜차이즈화)

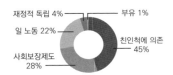

E **Employee**
봉급생활자

미국, 65세 이후의 라이프스타일 통계

재정적 독립 4%   부유 1%
일 노동 22%
                         친인척에 의존
                         45%
사회보장제도
28%

You have a J.O.B   Times= $$

B **Business Owner**
사업가

사업가가 되는 3가지 방법

1. 시스템 구축: 전통적인 기업체
2. 시스템 구입: 프랜차이즈
3. 시스템 활용: 네트워크 마케팅

You own a system.
People work for you =$$$$$$

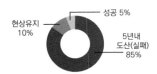

S **Self-employed**
자영업자 혹은 전문직

                    성공 5%
현상유지
10%
                    5년내
                    도산(실패)
                    85%

You own a J.O.B   Times= $$$

I **Investor**
투자가

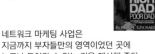

네트워크 마케팅 사업은
지금까지 부자들만의 영역이었던 곳에
누구나 들어갈 수 있는 길을 제시해 준다.
-로버트 기요사키

You own investments.
Your money works for you = $$$$$$$$$$$

실제 경제활동인구의 95%가 이 두 영역에 포함되는데 그들이 가져가는 수입이 전체의 5%에 불과하다고 한다. 나머지 95%를 차지하는 사람들이 바로 우측 사분면에 위치한 5%의 사업가(Business Owner) 그리고 투자가(Investor)들이다. 이들이 일으키는 수입을 수동 수입(Passive Income) 혹은 인세 수입이라고 한다. 이 책이 안트러프러너를 위한 자기계발서적인 만큼 사분면 중 사업가에 대해 집중적으로 알아보기로 하겠다.

2. 시스템을 갖춘 사업가가 되라.

로버트 기요사키가 정의한 사업가(Business Owner)에 대해 구체적으로 알아보자. 우리는 자기 사업을 하는 사람들을 구분 없이 "사장님"이라고 부른다. 영세한 자영업을 운영해도 사장님이고 큰 회사를 경영해도 사장님인 것이다. 하지만 로버트 기요사키는 시스템(System)을 갖추고 있느냐 없느냐에 따라 사업가와 자영업자를 구분했다. 원래 시스템이라는 말은 컴퓨터 용어이다. 사전적으로는 필요한 기능을 구현하기 위해 관련된 요소를 어떤 법칙에 따라 조합한 집합체를 의미한다. 비즈니스에서의 시스템이라 함은 생산성 향상과 이윤의 극대화를 위해 기업이 갖추어 놓은 모든 체계화된 유무형의 조직을 말한다. 로버트 기요사키의 기준에 의하면 규모가 크더라도 시스템이 갖추어지지 않아서 자신이 그 자리를 지키지 않으면 비즈니스가 제대로 작동하지 않고 수입이 지속되지 않는다면 그는 사업가가 아니라 자영업자인 것이다. 시스템이 잘 갖추어져 있는 사업가는 자신의 노동력을 투입하지 않더라도 수입을 만들 수 있다. 그래서 시간과 돈을 맞바꾸는 한계를 극복하고 더 많은 인세수입을 창출해낼 수 있게 된다. 사업가가 되는 방식은 크게 세 가지로 나뉜다.

첫 번째, 시스템을 구축한다. 삼성 LG와 같은 전통적인 기업체가 여기에 해당한다. 하지만 시스템을 구축하기 위해서는 자본과 기술이 필요하고 무엇보다도 사업을 진행 과정에서 발생할 수 있는 각종 변수에 대처할 수 있는 위기 관리 (Risk Management) 능력이 절대적으로 필요하다. 한마디로 말하자면 사분면 좌측에 위치한 근로자나 자영업자들이 쉽게 도전할 수 있는 일이 아니라는 것이다. 오늘날 인터넷의 발달과 스마트폰의 대중화로 새로운 온라인 비즈니스의 기회가 생겨나고 있다. 청년 실업 문제가 과거 그 어느 때보다 심각한 현실 속에서 누군가가 나를 뽑아주기를 기다리며 스팩 쌓기에 열중하기 보다는 1인 기업가로서 창업을 도전하는 것이 훌륭한 선택이 될 수 있다. 하지만 명심해야 할 사실은 소호(SOHO: Small Office Home Office) 형태로 시작하는 온라인 사업 역시 규모가 커질수록 위기 관리를 위한 더 잘 갖춰진 시스템을 필요로 한다는 것이다. 창업의 기회가 많아진 만큼 경쟁도 더 치열하고, 변화에 주도적으로 앞서가는 시스템을 구축하지 못하는 경우에 망하는 속도 그 만큼 더 빨라진 것도 사실이다.

두 번째, 시스템을 구입한다. 맥도날드, 던킨도너츠와 같은 프랜차이즈(Franchise:가맹점) 사업이 해당된다. 우리는 전국의 어느 맥도날드를 방문해도 같은 맛의 햄버거를 맛볼 수 있다. 같은 인테리어, 같은 유니폼 심지어 종업원들의 인사말까지 똑같다. 만약 한 동네에서 햄버거를 삼십 년 이상 직접 구워서 팔아온 자영업자가 있다면 그의 햄버거가 맥도날드 보다 훨씬 맛있을 수 있다. 하지만 같은 맛을 전국 혹은 전 세계로 복제해 낼 수 없다. 뿐만 아니라 본인이 직접 굽지 않으면 그 맛이 나오지 않는다. 이것이 자영업과 비즈니스의 차이이다. 맥도날드는 가장 맛있는 햄버거를 제공하는 곳이 아니라 가장 많은 나라에서 가장 많은 프랜차이즈를 통해 동일한 맛의 햄버거를 가장 많이 파는 곳이다. 하지만 안타깝게도 소비자 인지도가 높은 프랜차이즈 일수록 사업권을 따내는데 많은 자본이 필요하기 때문에 서민들에게는 그림의 떡인 셈이다.

2023년 10월 21일과 22일 양일간 미국 아틀란타의 콥 갤러리아 센터(Cobb Galleria Centre)에서 내셔널 프랜차이즈 쇼(National Franchise Show)가 개최되었다. 안트러프러너 소스(The Entrepreneur's Source)에서 주관한 이 행사는 북미 지역의 내로라 하는 대형 프랜차이즈 기업들은 물론이고 신생 프랜차이즈 기업들까지 총출동한 대규모 엑스포였다. 프랜차이즈 쇼의 슬로건은 Own your own business! (당신의 사업을 가지세요!) 였다. 1984년에 설립된 안트러프러너 소스는 프랜차이즈 사업을 통해 성공을 꿈꾸는 안트러프러너들에게 코칭을 하고 창업의 기

회를 제공하는 회사다. (– entrepreneurssource.com)

지인의 초대로 행사에 참여해서 전체 부스를 하나 하나 둘러보았다. 필자의 사업과 직접적인 관련은 없지만 프랜차이즈 시장의 동향을 파악하는 경제 공부 차원에서 진지하게 설명도 듣고 질문도 했다. 토요일 오전 시간이라 붐비지 않을 줄 알았는데 정말 많은 인파가 모였다. 프랜차이즈 사업을 통해 사업가의 꿈을 실현하고자 하는 예비 안트러프러너들이 문전성시를 이루고 있었다. 전체적인 트랜드는 패스트푸드, 까페, 피자와 같은 식음료 산업이 주류를 이루고 있었고 그밖에도 피트니스 및 건강 관련 프랜차이즈, 고령화 시대를 맞아 노인들을 대상으로 하는 실버산업, 즉 노인 서비스 및 요양 관련 프랜차이즈도 눈에 띄게 많았다.

프랜차이즈를 창업하려면 본사가 요구하는 조건을 모두 갖추어야 한다. 매장의 규모, 시설, 인테리어 심지어 은행잔고까지 본사가 정한 수준 이상을 갖추어야 한다. 그리고 무엇보다 높은 진입장벽은 본사에 지불해야 하는 가맹비용이다. 업종에 따라 창업 규모에 따라 혹은 프랜차이즈의 인지도에 따라 적게는 몇 만불(몇 천 만원)에서 많게는 백 만 불(13억원)이 넘는 가맹비를 본사에 지불을 하고 프랜차이즈 권한을 사는 것이다. 충분한 자산을 갖고 있는 사람들이라면 금융권 이자소득보다 훨씬 높은 수익률이 있는 프랜차이즈라고 판단이 되면 투자할 수 있겠지만 보통의 소시민들에게는 높은 진입장벽이 아닐 수 없다.

관람을 마치고 나오면서 초대하신 분께 진심을 담아서 말씀 드렸다. "아무리 봐도 제가 하는 비즈니스가 제일 쉬운 것 같습니다." 내셔널 프랜차이즈 쇼 전체를 다 둘러보고 필자가 내린 결론이다. 필자와 같은 업에 종사하는 분들은 누구나 공감할 것이다. 진입장벽이 낮을수록 사람들은 가치를 낮게 보는 경향이 있다. 그래서 가치를 알아보는 사람에게는 뜻밖의 기회가 된다. 시스템을 돈을 주고 사는 프랜차이즈가 아니라 기존의 시스템을 활용하는 사업이 바로 그것이다.

세 번째, 시스템을 활용한다. 로버트 기요사키는 시스템을 스스로 구축할 능력이 안 되는 사람, 시스템이 갖춰진 프랜차이즈를 구입할 자금이 없는 사람들에게 세 번째 대안으로서 회원제직접판매 기업을 **플랫폼으로 시스템을 활용**해서 사업을 확장하는 **안트러프러너가** 될 것을 추천한다. 부자아빠 가난한 아빠 책에서는 해당 사업 모델을 '**네트워크 마케팅**' 사업이라고 소개한다. 이해를 돕기 위해 부연 설명을 하자면 맥도날드와 같은 프랜차이즈를 퍼블릭 프랜차이즈(Public Franchise) 라고 한다면 네트워크 마케팅은 **퍼스널 프랜차이즈**(Personal Franchise) 사업에 해당된다. 전자가 돈을 주고 가맹점 권리와 비즈니스 노하우를 제공받는 사업이라면 후자는 이미 갖추어져 있는 교육 시스템을 활용하여 비즈니스 노하우를 배워서 전개하는 방식의 사업이다. 같은 교육 시스템을 활용하여 회사, 제품, 마케팅 그리고 리더십에 대한 정보를 지속적으로 배우면서 다른 사람에게 가르쳐주는 사업 방식이다. 맥도날드가 햄버거의 맛을 복제하는 사업이라면 네트워크 마케팅은 비즈니스 전반에 걸친 사고 (思考)를 복제하는 사업이다. 전자와 같은 막대한 자본은 소요되지 않지만 대신 배움에 대한 진지하고도 지속적인 자세가 반드시 필요한 사업이다. 먼저 내가 배우고 (Learn it.) 배운 것을 다른 사람에게 가르치고 (Teach it.) 또 그 사람이 또 다른 사람을 가르칠 수 있도록 가르치는 과정 (Teach others to teach it.)이 반복되면서 사업이 성장하게 된다. 사고(思考)를 복제하는 일이기 때문에 배움을 멈추지 않는 자세가 필요하고 그 교육 내용이 반복적인 것 역시 복제를 위한 과정이므로 '반복의 미학'을 즐기는 자세가 필요하다.

시스템을 구입하는 맥도날드와 같은 일반 프랜차이즈 사업은 동종의 일반 자영업에 비해 안정적인 소득을 올릴 수 있겠지만 지역적인 한계를 극복할 수 없다. 그리고 아무리 실적이 좋은 가맹점주라고 해도 가맹점이 또 다른 가맹점을 모집할 수 없어 사업 성장에 한계가 있다. 일반 프랜차이즈에서의 가맹점 모집과 개설 권한은 본사가 독점하고 있기 때문이다. 이에 비해 퍼스널 프랜차이즈인 네트워크 마케팅은 회원 모집의 권한을 회원에게 부여해서 가맹점이 가맹점을 무한 연쇄로 개설해갈 수 있는 사업이다. 따라서 지역적 한계가 없고 사업 성장에도 한계가 없다.

로버트 기요사키가 '부자 아빠 가난한 아빠'를 시리즈로 출간하는 계기가 된 에피소드를 기억할 것이다. '부자 아빠 가난한 아빠 2편-현금흐름 사분면을 출간한 이후로 그의 책에서 네트워크 마케팅은 단골 메뉴로 등장한다. '부자 아빠의 21세기형 비즈니스'(The Business of the 21st Century)와 '부자 아빠의 비즈니스 스쿨'(The Business School) 처럼 네트워크 마케팅을 주제로 해서 쓴 책들도 있고 도널드 트럼프와 공저한 '부자'(Why We Want You to Be Rich) 처럼 책의 내용 중에 일부를 네트워크 마케팅을 소개하는데 할애한 책도 있다. 앨빈 토플러가 예견했던 대로 프로슈머 활동을 통해 백만장자가 된 사람들이 폭발적으로 늘어나고, 같은 성공을 꿈꾸는 사람들이 더 많이 생겨남으로써 해당 산업에 대한 학문적 연구도 증가하고 관련 서적도 많아지는 것은 수요와 공급의 법칙 측면에서 보면 지극히 자연스러운 현상이다. 하지만 생필품 소비와 관련해서 네트워크 마케팅 시장 즉 회원제직접판매 시장이 글로벌로 확장되어가는 규모에 비하면 대중적 이해도는 아직 많이 부족한 것이 사실이다. 그리고 이러한 현상이 역설적으로 우리에게 기회가 되고 있는 것도 사실이다.

3. 현실점검 플로챠트(Flowchart)

로버트 기요사키의 현금흐름 사분면은 이 시대를 살아가는 우리에게는 **현실점검**의 좋은 가이드라인이다. 현실점검은 현재 내가 어디에 있는지 어떤 상황에 처해있는지를 객관적으로 살펴보고 현재의 패턴으로 경제활동을 지속했을 때 내 미래의 모습과 내 삶을 예측해보고 변화의 필요성을 자발적으로 느껴서 행동으로 옮기는 결단의 과정으로 안내하는 중요한 과정이다.

현금흐름 사분면을 기초로 해서, 객관적으로 스스로를 점검하고 대안을 마련할 수 있도록 '현실점검 플로챠트'를 직접 그려보자. 우선 빈 종이에 주어진 질문을 적고 이에 대한 대답을 선택해서 화살표를 따라 가보자. 이분법적인 플로챠트를 따라가서 현실점검의 결론에 도달하게 되면 더 이상 고민하지도 주저하지도 말고 안트러프러너로서의 삶을 도전하기 바란다. 차가운 머리와 뜨거운 가슴 그리고 부지런한 발이 당신을 성공의 길로 안내할 것이다.

첫 번째 질문은 **"현재 소득에 만족하십니까?"**이다. 예 아니오 중 하나를 선택하시라. "예"라고 대답할 수 있는 사람이 있다면 그 사람은 둘 중 하나다. 정말로 부자이거나 아니면 아무 개념이 없는 사람이다. 그래서 예라고 대답한 사람을 위해 준비한 두 번째 질문이 **"완벽한 노후 준비가 되어 있습니까?"**이다. 이 질문에 "예"라고 대답한 실제로 경제적으로 풍요로운 사람이 있다면 그 중에도 자신만 생각하고 사는 사람이 있는 반면 타인에 대한 관심과 배려가 있는 사람이 있다. 전자의 경우라면 딱히 할 말이 없지만 **사회적 기여**에 대해 관심이 있는 후자의 경우라면 두 가지 옵션을 제시할 수 있다. 단순히 **기부활동**을 통해 사회적 약자들에게 도움을 주는 방법이 있고 그들에게 **재정적으로 자립할 수 있도록 도와주는 방법**이 있다. 기부활동을 물고기를 잡아 주는 것이라고 한다면 사업의 기회를 제공해서 자립의 길 을 열어주는 것은 물고기를 잡을 수 있는 그물 짜는 법을 알려주는 것이라 하겠다.

'똑같은 일을 반복하면서 다른 결과를 기대하는 것은 미친 짓이다.'

-알버트 아인슈타인

(Insanity: doing the same thing over and over again

and expecting different results. -Albert Einstein)

다시 첫 번째 질문으로 돌아가보자. **현재 소득에 만족하지 않는다면** 소득을 늘리기 위해 할 수 있는 선택은 두 가지다. '현재의 직업을 고수하면서 추가적인 소득원을 만들 것인가?' 아니면 '현재의 직업을 정리하고 더 많은 소득을 올릴 수 있는 다른 일을 찾을 것인가?' 이다. 후자의 경우는 기회도 흔치 않고 위험요소가 많기 때문에 대부분의 사람들은 같은 질문에 전자를 선택하게 된다. 다음 질문은 '**그 추가소 득이 노동수입이면 좋겠느냐 아니면 인세 수입이면 좋겠느냐?**' 이다. 당연히 **인세수입**을 원할 것이다. 현재 하는 일도 노동수입인데 또 하나의 직업마저 노동수입을 선택하면 결국 시간과 돈을 맞바꾸는 일이라 일시적으로 수입은 늘어날 수 있겠지만 재정적 자유를 누리는 단계로 이동하기 어렵기 때문이다. 그렇다면 인세수입을 만들 수 있는 세가지 방법 중에서 내가 할 수 있는 일은 무엇인가? 시스템을 직접 개발하는 첫 번째 방법은 사분면 좌측의 근로자나 자영업자들이 쉽게 도전할 수 있는 일이 아니다. 제조업이든 유통업이든 서비스업이든 대기업들이 기득권을 확보하고 있는 시장 상황에서 새롭게 스타트업 기업을 창업해서 시스템을 만들고 거대 공룡기업들과 경쟁에서 살아남는 것이 쉬운 일이 아니다. 두 번째 방법으로 제시한 시스템을 구입하는 프랜차이즈 비즈니스도 사업가가 되는 좋은 방법이긴 하지만 서민들에게는 재정적인 부담이 만만치가 않다. 결국 세 번째 방법, 시스템을 활용하는 방법인 **회원제직접판매 사업**이 **현실적인 대안**이 될 수 있다. 앞의 두 가지 방법 보다 훨씬 진입장벽이 낮아 안트러프러너를 꿈꾸는 이들이라면 누구나 도전할 수 있는 분야라 하겠다.

다음 단계로 고민해야 할 부분은 '**어떤 회사를 비즈니스 파트너로 선택할 것인가?**' 이다. 일반 프랜차이즈와 마찬가지로 퍼스널 프랜차이즈 사업인 회원제직접판매 사업도 본사의 역할이 지극히 중요하다. 유통과 소비를 담당하는 사업가들 입장에서는 자신이 파트너십을 맺고자 하는 회사가 얼마나 경쟁력 있는 제품을 지속적이고 안정적으로 생산하고 공급할 수 있는지에 대해 충분한 검토의 과정을 거친 다음 사업을 결정을 해야 할 것이다. 하지만 실제로 네트워크 마케팅에 입문하는 다수의 사람들이 면밀하고 충분한 사업성 검토의 과정을 거치지 않고 주변의 권유에 의해 사업을 접하고 시작하게 되는 경우가 많다. 진입장벽이 낮은 덕분에 심리적으로 큰 부담 없이 사업을 시작할 수 있지만 그만큼 쉽게 그만두는 경우도 허다하다.

소비재 유통 시장은 날이 갈수록 경쟁이 치열해지고 있다. 전통적인 오프라인의 유통 방식과 온라인의 유통 방식을 총 망라해서 적자

생존의 치열한 경쟁 구도 속에서 회원제직접판매 방식은 유통의 한 채널로 굳건하게 자리매김을 했다. 이 업계에도 역사와 전통을 자랑하는 검증된 기업이 존재하고 새롭게 도전하는 신생 회사들도 있다. 만약 자신이 파트너로 선택할 회사가 대중들의 인지도가 높고, 그 회사 제품에 대한 소비자들의 호감도가 충분히 높다면 사업을 시작함에 있어서 회사에 대한 걱정은 접어두어도 될 것이다. 만약 신생회사를 파트너로 한다면 사업을 시작하기 전에 회사와 제품과 마케팅에 대한 객관적인 자료를 통해 검토하는 과정이 꼭 필요하다.

비즈니스에 있어서 '어떤 회사와 함께 하느냐' 만큼 중요한 것이 **'누구와 함께 하느냐'**이다. 함께 하는 팀의 문화와 교육 시스템은 같은 그룹 내에서만 공유되는 특성이 있다. 역사적으로 검증된 기업을 파트너로 할 경우 회사에 대한 걱정을 할 필요가 없는 것처럼 오랜 시간에 걸쳐 성장한 그룹의 교육 시스템은 존재 자체만으로 기본적인 검증이 된 셈이다. 시스템과 관련한 내용은 별도의 Chapter에서 다루도록 하겠다.

현실점검 플로챠트를 통해 사업을 결심하고 시작하면 **초기 3개월간 고도의 집중력**을 발휘해야 한다. 이를 영어로 90 Day Core Run 이라 한다. 사업 초기에 발휘하는 집중력이 사업과 관련한 좋은 습관을 빠르게 형성시키고 사업도 속도감 있게 전개할 수 있게 된다.

3
PART

아이덴티티
(Identity, 정체성)

Chapter 5

어떻게 정의할 것인가

1. 유연성 – 안트러프러너의 필수 덕목

지금까지 살펴본 현금흐름 사분면을 정리하는 문제를 풀어보자. '의사'라는 직업은 어느 사분면에 속할까? 1998년 현금흐름 사분면의 초판이 발간된 이후 지금까지 같은 질문을 해보면 대다수의 사람들은 좌측 하단의 자영업, 즉 S를 선택한다. 실제로 S영역을 자영업자와 전문직 종사자로 규정했기에 표면적으로 보면 정답이다. 하지만 사고의 유연성을 가지고 접근해보면 실제로는 네 가지 사분면에 모두 해당될 수 있다. 만약 의사인데 대학병원에서 급여를 받고 일하면 근로자이고, 개인 병원을 개원을 하면 자영업자이다. 그런데 시스템을 갖춘 종합병원의 이사장이 되어 일선 현장에서 환자를 상대하지 않는다면 사업가이다. 그리고 명함상으로는 분명 의사인데 실제로 주식이나 부동산 등을 통해서 자산을 늘리는 일을 하고 있다면 그 행위 자체는 투자가라고 해야 할 것이다.

미국에 살면서, 비즈니스의 안목을 넓히기 위해 틈나는 대로 자기계발과 성공 비즈니스 관련 세미나를 참석하게 된다. 경제 관련 세미나에서 강사들이 공통적으로 강조하는 것이 바로 하나의 직업에 의존하지 말고 수입원 (Income Source)을 늘리라는 것이다. 사분면 좌측의 직업을 전업(full time)으로 하면서 수입원을 늘리는 일은 쉽지 않을 것이다. 퇴근 후 시간이나 주말 시간 등의 자투리 시간을 활용해서 시스템을 갖춘 비즈니스를 시작하고 해당 비즈니스를 통해 점진적으로 늘어나는 인세수입을 만들고 그 사업 소득을 종자돈 (Seed Money)으로 해서 투자가가 되는 것이 수입의 원천을 다양화하는 지혜로운 방법이다.

2. 유연한 사고는 유연한 관점으로부터

필자는 28년째 글로벌 회원제직접판매 1위 기업과 파트너십을 맺고 안트러프러너 즉 1인 기업가로서 활발하게 사업 활동을 하고 있다. 이런 유형의 사업을 일반적으로 '네트워크 마케팅'이라고 부른다. 가장 대중적으로 알려진 표현이지만 편견으로 인해 오해도 많이 받는 사업이기도 하다. 대중의 오해와 편견 덕분에 성공의 기회가 지속되고 있다는 점이 우리 사업의 가장 큰 매력이기도 하다. 어차피 **자본주의 경제 체계는 다수가 아닌 소수가 돈을 버는 구조**이기 때문이다.

인터넷이 없던 시절 그러니까 1990년대 중반까지는 세상에 존재하는 모든 상거래는 점포 판매와 무점포 판매로 나뉘었다. 슈퍼든 백화점이든 대형 할인매장이든 말 그대로 점포에서 거래가 이루어지면 점포 판매이고 그 밖의 판매 방식은 무점포 판매인 것이다. 통신판매, 방문판매 등이 여기에 해당된다. 통신판매는 19세기 말 미국에서 지방 농민들을 대상으로 카탈로그 판매를 한 것이 기원이라고 한다. – 위키백과. 방문판매는 보다 적극적인 무점포 판매 방식이다. 판매원 혹은 영업사원이 가가호호 방문을 해서 견본 제품이나 카탈로그 등을 활용해서 제품을 직접 홍보해서 판매하는 방식이다. 방문판매라고 하면 미국에서 2002년에 TV로 방영된 영화 <도어 투 도어> (Door to Door, 윌리엄 메이시 주연)가 떠오른다. 실제 뇌성마비의 장애를 딛고 방문판매를 통해 왓킨스(J. R. Watkins) 사에서 여러 해에 걸쳐 세일즈왕을 해낸 빌 포터(Bill Porter, 1932~2013)의 실화를 담은 전기 영화다. 빌 포터가 사망했을 당시 **뉴욕 타임즈**(The New York Times) 기사의 일부를 소개한다.

제목: 영화에 영감을 준 탁월한 세일즈맨 빌 포터, 81세로 사망

(전략)

1962년부터 사망할 때까지 빌 포터는 미네소타의 식료품, 가정용품, 개인 생활용품 공급업체인 왓킨스(J.R. Watkins) 사의 세일즈맨이었다. 그의 생애를 다룬 TV 영화 '도어 투 도어'는 2002년 티엔티(TNT)에서 방영되어 호평을 받았다.

성공적인 방문 판매원은 운전, 걷기, 대화에 능숙해야 한다. 빌 포터는 이 중에서 운전은 전혀 하지 못했고, 나머지는 매우 어렵게 해야 했다. 그러나 끈기(persistence), 사교성(gregarious-ness), 매력(charm)의 조합을 통해 그는 오레곤, 워싱턴, 캘리포니아 및 아이다호로 구성된 지역에서 수년 동안 왓킨스의 최고 세일즈맨이었다. (후략)

– by Margalit Fox, The New York Times Dec. 9 2013

'도어 투 도어'는 누구에게나 시청을 권하고 싶을 만큼 감동적인 영화다. 하지만 필자가 이 영화를 소환한 이유는 딴 데 있다. **시대에 따라 사업의 형태가 변하고 방법이 변한다.** 빌 포터는 도어 투 도어, 즉 방문판매업에 종사했지만 단순한 세일즈맨이 아니었다. 운전, 배달과 같이 자신의 장애로 인해 발생하는 비즈니스의 한계를 보완하기 위해 비서를 고용하고 나름의 시스템을 갖추면서 사업을 성장시켜가는, 현대적 개념으로는 안트러프러너였다. 오늘날의 방문판매는 영화에서 빌 포터가 보여준 방식과는 여러모로 다를 것이다. 총기 소유의 자유가 있는 미국에는 스탠드 유어 그라운드 법(Stand Your Ground Law)이 있다. 우리말로 해석하자면 '네가 딛고 있는 곳에서 물러서지 마라'이다. 풀어서 설명하면 생명의 위협을 느끼는 경우 자신을 보호하기 위해 상대에게 총기를 사용하는 것을 정당방위로 인정하는 법이다. 미국의 50개 주 중에 38개 주가 스탠드 유어 그라운드 법을 채택하고 있다. '생명의 위협을 느낄 경우'라는 단서가 있음에도 불구하고 그 판단은 지극히 주관적일 수 밖에 없다. 실제로 주소를 잘못 찾아 실수로 타인의 집에 초인종을 눌렀다 총기 사고를 당했다는 뉴스를 심심치 않게 접하는 나라가 미국이다.

오늘날의 방문판매업은 어떻게 존재하고 있을까? 최근 몇 년간 필자가 가장 많이 접한 방문판매원은 솔라 패널(solar panel, 태양광 발전판) 설치를 권유하는 사람들이다. 낯선 사람에 대한 경계를 허물기 위해 유니폼을 맞춰 입고 2인 1조로 방문하는 경우가 많다. 일하는 방식은 방문판매이고 사업의 종류는 친환경 에너지 사업이라 함이 합당하다 하겠다. 일반적인 상업광고나 오프라인의 매장에 진열해서 판매하는 것보다 사람과 사람이 만나서 설명을 통해 거래가 이뤄지는 것이 효과적인 아이템들이 있기 마련이다. 회원제직접판매 사업 방식은 시대에 맞게 형태와 방법이 진화해왔다.

빌 포터가 근무했던 왓슨사는 1970년대 말 사업 방식을 변경한다. 세일즈맨을 관리하는 영업 관리자들을 소수로 줄이고 멀티레벨 마케팅(multi-Level marketing, MLM, 다단계 판매방식)을 도입한다. MLM 방식은 회사의 영업 관리자로부터 관리를 받는 세일즈맨이 아니라 회사와 파트너십을 맺고 유통을 담당하는 디스트리뷰터(distributor)로 활동하면서 함께 사업할 동료를 직접 모집해서 리더십을 발휘해 사업을 성장시키고 개인의 매출뿐 아니라 합산된 그룹의 매출에 상응하는 인센티브를 제공받는 사업 방식이다. 멀티레벨 마케팅을 우리말로 직역한 것이 '다단계 판매'이다. 당시 미국에는 다단계 판매방식에 대한 법적인 근거가 없었다. 1979년, FTC(Federal Trade Commission, 미연방거래위원회)로부터 '피라미드 상술이 아니다'라고 합법성을 처음으로 인정받은 기업이 바로 오늘날 글로벌 직접판매 1위 기업인 암웨이다. 당시 FTC의 합법성 판정의 근거가 된 것은 암웨이 사업가들이 받는 보상이 누군가를 사업에 조인시키는 행위를 통해 이루어지는 것이 아니라 사업가들이 실질적으로 일으키는 매출을 근거로 이루어지고 있다는 사실이었다.

직접판매(direct selling)는 방문판매와 다단계판매 모두를 포함한다. 앞서 살펴본 점포 판매와 무점포 판매가 매장의 유무가 기준이었다면 직접판매는 생산자와 소비자 사이에 광고나 유통이 개입되지 않고 직접 거래가 이루어지는 방식을 통칭한다. Chapter 3에서 살펴본 바와 같이 과거 생산자의 영역이었던 광고와 유통에 소비자가 적극적으로 가담해서 매출을 일으키고 회사와 이익을 공유하기 때문에 생산자를 의미하는 프로듀서와 소비자를 의미하는 컨슈머의 합성어인 **프로슈머**라고 부를 수 있는 것이다.

그렇다면 다단계판매와 네트워크마케팅의 차이는 무엇일까? 결론부터 얘기하자면 멀티레벨 마케팅을 직역한 다단계판매는 법률적 용어이고 네트워크마케팅은 학술적 용어이다. 네트워크 마케팅의 사전적 정의는 '소비자를 판매자로 삼아 구축한 그물망 조직을 활용해 상품을 판매하는 마케팅 방법'이라고 되어있다. 사업가들이 다단계판매보다 네트워크 마케팅이라는 용어를 선호하는 이유는 일반 대중들이 합법적인 다단계판매와 불법 피라미드 상술을 구분하지 못하고 혼용하는 경향이 있기 때문이다.

방문판매와 다단계판매에서 공통된 단어는 판매다. 두 가지 방식이 모두 주된 사업활동이 판매에 있다는 의미로 해석할 수 있다. 반면 네트워크 마케팅은 소비가 중심이다. 소비자로 구성된 그물망(네트워크)에서 집단적 소비활동을 통해 발생한 매출에 대한 이익을 그물망의 주체인 회원 소비자가 각자의 기여도에 따라 합리적으로 보상을 받는 마케팅 방식이다. 소비활동이 사업의 중심이 되기 위해서는 공급되는 제품이 지속적인 반복구매가 일어날 수 있는 **소비재**여야 할 것이고 제품의 가지 수도 **생필품** 전반에 걸쳐 충분히 갖추고 있어야 할 것이다. 합리적인 **가격**과 제품의 **품질**이 좋아야 함은 두말할 나위가 없다.

지금까지 방문판매, 다단계판매, 네트워크 마케팅 그리고 포괄적 개념인 직접판매에 대해 알아봤다. 오늘날 직접판매 시장은 유통의 한 축을 담당할 만큼 규모가 확대되고 있다. 미국에서는 2015년에 이미 6가구 중 1명 꼴로, 2천만 명 이상이 직접판매 사업에 참여하고 있다. (- amwayconnections.com 제공.) 그리고 그 사업가들은 더 이상 그 옛날 빌 포터가 했던 방식으로 일하지 않는다. 비즈니스 전반에 온라인 환경이 구축되었다. 실제로 진행되는 비즈니스를 관찰해보면 오늘날 대세라고 할 수 있는 플랫폼 비즈니스 모델임을 확인할 수 있다. 앞에서 설명한 바와 같이, 오히려 모노 플랫폼이 아닌 제품 생산과 공급을 담당하는 회사 측 플랫폼과 소비와 판매를 담당하는 소비자 플랫폼이 함께 가동되는 듀얼 플랫폼, 나아가 멀티플, 언리미티드 플랫폼을 구축하는 사업임을 알 수 있다. 학생을 가르치면 선생이고 환자를 치료하면 의사인 것처럼 **직업은 행위의 목적을 통해 정의된다**. 그리고 비즈니스는 시대에 맞는 해석과 정의가 필요하다. 필자가 직접판매나 네트워크 마케팅이라는 표현 보다 회원제로 운영되는 직접판매 사업이라는 의미의 **회원제직접판매** 사업과 **플랫폼 비즈니스**라는 표현을 선호하는 것도 같은 맥락이다. 그리고 이런 플랫폼을 제공하는 기업을 파트너로 해서 소비자 플랫폼을 확장시켜가는 1인 기업가를 안트러프러너라 정의하는 것도 같은 이유이다.

실제로 2000년대 이전, 직접판매 기업들이 온라인 쇼핑몰을 운영하기 이전 시절에 사업가들을 부르는 공식적인 명칭은 **디스트리뷰터** (distributor, 유통업자)였다. 이후에 **IBO**(Independent Business Owner, **독립사업가**)로 불렸고 오늘날 미국에서는 안트러프러너가 대세이다. 유연한 관점이 유연한 사고를 갖게 하고 유연한 사고를 통해 시대에 맞는 사업의 기회를 알아보는 안목을 가질 수 있을 것이다.

Chapter 6

확장성

1. 사분면에 대한 재해석

현금흐름 사분면에서 자영업자와 사업가를 구분하는 잣대는 시스템의 유무이다. 시스템이 없으면 자신의 시간과 돈을 맞바꾸는 노동수입의 한계를 벗어날 수 없는 자영업자이고 시스템을 갖추고 있어서 자신의 노동력이 투입되지 않아도 그 시스템에 의해 비즈니스가 굴러가면 인세적인 소득을 일으키는 사업가인 것이다. 반론의 여지가 없는 너무나 명확하고 깔끔한 정의다. 하지만 분명한 사실은 이러한 구분은 결과론이라는 점이다. 현상을 분석하는 잣대는 될 수 있지만 근원적인 문제를 해결하지는 못한다. 그래서 사분면에 대한 재해석이 필요하다. 왜 똑같이 스몰 비즈니스로 창업을 해서 누군가는 자영업의 형태에 머물러 있고 누군가는 시스템을 구축해서 사업가가 되는 걸까?

결국 창업을 한 사람의 성향에서 해답을 찾을 수 있다. 안정을 추구하는 사람과 도전과 모험을 추구하는 사람의 차이다. 안정을 추구하는 것은 우리 인간의 본성이라 할 수 있다. 인간의 가장 원초적인 본성이 가정과 가족의 안정성이라면 직업적 안정성과 재정적 안정성도 중요한 본성이다. 인간이 직업적, 재정적 안정을 추구하는 것은 궁극적으로는 가정과 가족의 안정을 위한 것이라 할 수 있다. 안정을 추구하는 사람들은 변화와 도전을 두려워한다. 그리고 현재 상태를 유지하는 쪽에 초점이 맞춰져 있다. 그래서 안정적인 직장을 다니고 있는 사람들이 창업을 두려워하고 보통의 자영업자들은 프랜차이즈 형태로 사업을 확장하기를 주저한다. 문제는 안정적이라고 생각하는 직장이 결코 안정적이지 않다는 사실이다. 그리고 현상유지에 급급한 자영업은 결국 경쟁에서 도태되게 된다.

> 안정을 위해 자유를 포기한 자는 둘 중 어느 것도 얻지 못한다.
>
> -밴자민 프랭클린
>
> (He who sacrifices freedom for security
>
> deserves neither. - Ben Franklin)

사전적 의미로 안트러프러너는 모험적 기업가 혹은 도전적 기업가를 뜻한다. 현실에 안주하고 현상유지 형태의 장사를 하는 자영업자를 안트러프러너라고 하지는 않는다. 비록 구멍가게로 시작해도 사업을 확장하겠다는 의지가 있는 사람은 모험적, 도전적 기업가 정신으로 숱한 시행착오를 거쳐서 마침내 시스템을 구축해 내고 사업의 노하우를 프랜차이즈화 하게 된다. 결론적으로 말해서 **안트러프러너 DNA의 핵심은 확장성**이다. 오늘날 세계 최고의 부자 반열에 올라있는 제프 베조스도 1994년 '인터넷 서점'이라는 아이디어로 아마존을 창업했을 당시에는 모험적 기업가 즉 안트러프러너의 전형이라 할 수 있고 1959년 미시건주 에이다 라고 하는 소도시의 한 창고에서 LOC 라는 세제 하나로 암웨이를 창업한 리치 디보스와 제이 밴 엔델 역시 도전정신과 확장성을 바탕으로 세계적 기업을 일궈낸 원조 안트러프러너라 하겠다.

사업을 확장함에 있어서 신규 사업가를 발굴하는 일은 중요하다. 미국 사업을 필자와 함께하고 있는 한국의 한 성공한 사업가의 소개로 마케팅을 전공한 경영 컨설턴트를 만난 적이 있다. 필자의 사업설명을 경청한 후에 다음과 같이 질문했다. "그 정도 성공하셨으면 혹시 다른 분야로 사업을 확장하실 생각은 없으신지요?" 필자는 이렇게 대답했다. "다른 분야로 사업을 확장하는 것보다 제가 하고 있는 사업의 영역을 확장해가는 것이 훨씬 효율적입니다." 무엇이 정답인지는 모른다. 사업도 인생의 일부인데 인생에 정답이 어디 있을까? 하지만 적어도 필자의 선택은 그렇다. 업종을 다각화하면 본업에 대한 집중력이 떨어질 수 있다. 직장을 다니면서 안트러프러너로서 창업하는 것과는 다른 얘기다. 비즈니스의 세계는 약육강식의 진검승부의 세계라 반드시 선택과 집중이 필요하다. 임대소득이 발생하는 부동산도 소유하고 있고 빅테크 기업들의 주식도, 가상화폐의 대표 코인도 보유하고 있지만 필자가 보유 자산의 시세를 쳐다보지 않는 것도 본업에 대한 집중력을 유지하기 위함이다. 선택과 집중을 통해 내 사업의 영역을 글로벌로 확장해 가는 것이 생산성, 효율성, 그리고 수익성 차원에서 훨씬 효과적이다.

2. 확장성의 속성

개인 혹은 집단의 확장을 위한 도전은 필연적으로 충돌을 야기한다. 때문에 선한 가치와 명분 그리고 도덕과 윤리의 잣대가 필요하다. 학창시절에 배운 한국사나 세계사를 생각해보면 인류 역사는 어찌 보면 전쟁의 역사인지도 모르겠다. 영토확장을 목적으로 그럴싸한 침략의 명분을 만들어서 전쟁을 일으킨다. 멀리 가지 않더라도 프런티어 정신으로 미화된 미국의 서부개척사에서부터 오늘날 러시아와 우크라이나의 전쟁을 보더라도 알 수 있다. 파이가 제한되어 있으면 확장성은 궁극적으로 충돌을 일으킬 수밖에 없다. 지구라고 하는 파이도5대양 6대 주로 한정되어 있어 국가간의 전쟁이 발발하고 영유권 분쟁이 생긴다. 수요가 제한된 시장에서 사업을 확장하는 과정에서도 마찬가지 현상이 나타난다. 제한된 파이를 선점하기 위한 제로섬 게임의 경쟁이 될 수 밖에 없고 더 심하면 궁극적으로 모두 파국으로 치닫게 되는 치킨게임이 될 수 있다. 개인의 행복과 인류공영을 위해 전쟁 억제를 위한 국가간의 노력이 필요한 것처럼 비즈니스의 세계에서도 내 사업과 다른 사람의 사업을 보호하기 위한 같은 수준의 노력이 필요하다. 이를 위해 기업 차원에서 높은 수준의 윤리강령을 가지고 있고 이를 기준으로 강제력을 가지고 사업가를 보호하는 기업을 파트너로 한다면 사업 성장에 불필요한 에너지를 낭비하는 일은 발생하지 않을 것이다. 그리고 이에 앞서 확장성에 제약이 없거나 적은 사업을 선택한다면 레드오션(Red Ocean)에서 제로섬 게임이나 치킨 게임을 벌이는 일은 피할 수 있다.

3. 퍼플오션 전략(Purple Ocean Strategy)

현재 존재하지 않거나 아직 잘 알려져 있지 않아서 경쟁자가 없는 유망한 시장을 블루오션(Blue Ocean)이라고 한다. 이 시장은 수요를 경쟁이 아닌 창조를 통해 만들어 내기 때문에 높은 수익과 빠른 성장을 가능케 하는 기회가 존재한다. 흔히 블루오션 전략이라고 함은 기업들이 발상의 전환을 통해서 경쟁 원리에서 벗어나 고객에게 차별화된 매력 있는 상품과 서비스를 제공하여 누구와도 경쟁하지 않는 자신만의 독특한 시장을 만들어가는 전략을 말한다. 이와 반대로 이미 잘 알려져 있어 경쟁이 매우 치열한 시장은 레드오션(Red Ocean)이라고 한다. 어찌 보면 기존에 존재하고 있는 대부분의 산업은 이미 레드오션이거나 레드오션화 되어가고 있다. 산업의 경계가 이미 정의되어 있고 경쟁자 수도 많기 때문에, 제한된 수요를 놓고 치열하게 경쟁하게 된다. 기업을 하는 사람치고 블루오션을 추구하지 않는 이가 누가 있겠는가? 문제는 새로운 시장에 먼저 진입해서 블루오션을 누릴 수 있는 기간이 지극히 제한적이라는 사실이다. 경쟁업체의 등장과 함께 해당 사업이 급속도로 레드오션으로 변하게 되는데 더 안타까운 것은 블루오션을 유지하는 기간이 점점 짧아지고 있다는 사실이다. 때문에 기업은 새로운 블루오션을 창출하기 위해 끊임없이 고민해야 한다.

블루오션을 오래 유지하기 위해서는 경쟁업체가 따라 할 수 없는 독점적 노하우를 갖추고 있어야 한다.

레드와 블루를 혼합하면 얻을 수 있는 색인 퍼플(보라색 또는 자주색)로부터 퍼플 오션(Purple Ocean)이라는 표현이 등장했다. 포화 상태의 치열한 경쟁이 펼쳐지는 기존의 레드오션에서 새로운 아이디어나 기술 등을 적용함으로써 자신만의 새로운 블루오션을 만든다는 의미이다. 발상의 전환을 통하여 새로운 가치의 시장을 만드는 것을 일컫는다고 하겠다. 퍼플오션 전략이라고 함은 블루오션을 찾는 데 따르는 리스크를 최소화하면서 차별화 또는 새로운 변화를 통하여 레드오션에서 벗어나는 기업의 전략을 말한다.

시대의 변화에 따라 직업의 선호도 역시 함께 변한다. 오늘 새로운 유망 직종이 나타나는가 하면 어제의 인기 직종이 역사의 뒤안길로 사라지기도 한다. 직업의 종류 역시 수요와 공급의 법칙을 따르기 때문이다. 개인의 직업에도 블루오션과 레드오션이 존재하는 셈이다. 그리고 개인도 경쟁력을 유지하기 위해서는 시대에 걸맞은 퍼플오션 전략이 필요하다고 하겠다. 새로운 유망 직종이 생기면 각 대학에서 경쟁적으로 관련 학과가 개설되고 성적이 우수한 학생들이 몰린다. 그러다가 공급이 수요를 초과하는 시점이 되거나 더 이상 수요가 창출되지 않으면 해당 직종은 급격하게 레드오션으로 변하게 된다. 비교적 오랜 세월 동안 블루오션을 지켜왔던 의사나 변호사도 더 이상 과거 선배들이 누렸던 영화를 기대하기 어렵다. 이쪽 시장 역시 점차 레드오션화 되어가고 있다. 의과대학을 나와도 개원을 하기 보다는 대형병원에 취직하는 경우가 훨씬 많고 같은 의과대학에서도 전공별로 인기학과와 비인기학과의 격차가 커서 지역 의료 불균형이라는 큰 사회적 문제를 일으키고 있다. 이를 해소하기 위해 의대 정원을 확대하겠다는 정부 발표에 의료계가 반발하는 이유 역시 제로섬 게임의 원리로 설명할 수 있다. 과거에 사법고시를 합격해도 사법연수원에서 우수한 성적을 거두지 못하면 법관으로 임용되기가 어려웠다. 그나마 변호사가 된다고 해도 개업을 하기보다 로펌에 취직을 해야 하는 현실이다. 게다가 2008년 로스쿨 제도 도입 이후에 빠르게 늘어나는 변호사의 숫자로 인해 앞으로의 전망은 더 어둡다고 하겠다. 한마디로 말해 이 세상에 영원한 블루오션은 없다. 그래서일까 안정적인 직장 생활을 꿈꾸는 많은 대학생들이 공무원 시험에 매달리고 있다. 제발 공무원 시험을 준비 하는 학생들 중에서 일신의 평안과 노후의 연금을 위해 지원하는 이들 보다 투철한 국가관과 국민을 위한 봉사정신으로 공무원을 꿈꾸는 학생들이 많이 합격하면 좋겠다는 바램이다.

흔히 사람들은 인지도가 높으면 레드오션이라고 생각하는 경향이 있다. 회원제직접판매 분야에서도 그런 오해와 편견이 존재한다. 필자가 파트너로 하는 회사는 방문판매와 네트워크 마케팅 전체를 아우르는 직접판매 분야에서 세계 1위 기업이다. 높은 인지도 때문에 성공의 기회가 없을 것이라고 생각하고 차라리 알려지지 않은 신생 회사를 파트너로 하는 것이 낫다고 생각하는 사람들이 있다면 필자가 앞서 설명한 블루오션과 레드오션 그리고 퍼플오션의 개념을 다시 한번 정립해보기를 권한다. **The winner takes it all.** (1등이 다 가져간다) 이라는 '승자 독식'의 원리는 자본주의 경제체제의 기본적인 원리이다. 사업을 하는 사람들은 사업성 검토를 할 때 사업자 입장에서만 바라볼 것이 아니라 소비자 입장에서 접근할 필요가 있다. 생전 처음 보는 낯선 제품을 가지고 누군가가 찾아와서 제품을 사서 써보기를 권유한다고 생각해 보라. 그 얼마나 난처한 상황인가. 그래서 필자는 '**같은 창업 비용이라면 별다방보다는 스타벅스를 개업하라.**' 라고 조언한다.

퍼플오션 전략(Purple Ocean Strategy)를 통해 나만의 블루오션을 유지할 수 있는 우리 사업의 특징을 몇 가지 소개한다. 첫 번째, 이 사업은 선착순 게임이 아니라 완주 게임이다. 올림픽에서는 1등에게 금메달을 2등에게는 은메달을 그리고 3등에게는 동메달을 걸어준다. 4등부터는 아무리 열심히 준비하고 좋은 기록을 냈어도 아무런 보상이 돌아가지 않는다. 그런데 이 비즈니스는 완주하기만 한다면 모두에게 금메달을 걸어주는 완주 게임이다. 포기하지만 않으면 성공할 수 있다고 말하는 이유도 여기에 있다. 두 번째, 이 사업은 상대평가가 아니라 절대평가이다. 능력이 뛰어나서 다른 사람과의 경쟁을 즐기는 사람은 상대평가를 반길지도 모른다. 하지만 필자를 포함한 대부분의 사람들은 상대평가를 두려워한다. 대학입시가 두려운 이유가 거기에 있고 각종 고시가 두려운 이유도 마찬가지이다. 아무리 공부를 열심히 해도 나보다 더 좋은 성적을 낸 사람이 있으면 내가 탈락하는 상대평가는 그 동안의 노력을 0으로 만들어 버리는 잔인한 평가방식이다. 그래서 우리는 상대평가인 대학입시보다 운전면허시험처럼 일정 점수에 도달하면 합격하는 절대평가를 좋아한다. 우리 비즈니스는 다른 사람의 성적과 비교하지 않고 내가 이룬 실적으로 인정과 보상을 받는 절대평가의 사업이다. 세 번째, 이 사업은 제로섬 게임(zero-sum game)이 아니라 포지티브섬 게임(positive-sum game)이다. 제한된 파이를 서로 차지하는 제로섬 게임은 치열한 경쟁 속에서 금방 레드오션을 맞이하게 된다. 반면에 이 사업은 파이 자체를 키우는 포지티브섬 게임이기 때문에 선착순의 원리와 상대평가의 원리가 적용되지 않는다. 지난 65년간 기존 사업가들이 키워놓은 파이를 처음 입문하는 사람이 차지 할 수는 없지만 지금 시작해도 지금부터 앞으로 함께 만들어서 늘려가는 파이는 공유할 수 있기 때문에 늦게 조인한 것을 안타까워할 이유가 없다. 오히려 선배 사업가들의 수고로 잘 만들어진 교육시스템을 적극 활용하면 같은 노력 대비 결과치는 과거보다 훨씬 나을 수 있다.

Chapter 7

IBO
(Independent Business Owner 독립 사업가)

1. IBO 마인드셋(Mindset)

2000년대 이전에는 글로벌 회원제직접판매 1위 기업인 암웨이 사업가들의 공식적인 명칭은 디스트리뷰터(Distributor)였다. 이름에서부터 생산자와 소비자를 연결하는 중간 상인(middle man)의 느낌이 물씬 풍긴다. 이 회사가 오프라인에서 40년 간 쌓아온 생산 인프라, 축적된 노하우 그리고 충성도 높은 고객들을 기반으로 1999년 9월 온라인 쇼핑몰인 퀵스타닷컴(Quixtar.com)을 론칭했다. 이 때부터 사업가들의 공식 명칭은 디스트리뷰터에서 Independent Business Owner 의 약자인 IBO로 바뀌었다. 문자 그대로 '제품을 유통하는 사람'에서 '독립 사업가'로 바뀐 것이다. 오늘날에는 대부분의 국가에서 ABO(Amway Business Owner)라고 부르고 북미와 호주 뉴질랜드 등 일부 국가에서는 아직 IBO를 고수하고 있다. 독립 사업가라 함은 회사에 고용된 직원이 아니라는 뜻이다. 회사에서 일정한 급여를 받고 상사의 업무 지시에 따라 일하는 영업사원과는 일하는 방식과 마인드셋이 전혀 다르다. 독립 사업가들은 회사와 1:1로 계약을 맺고 파트너십으로 사업을 진행한다. 회사는 제품 생산과 연구개발 물류 등의 업무를 담당하고 제품을 실질적으로 소비하고 판매하는 일을 독립 사업가들이 담당한다. 소비를 장려하고 판매를 촉진하기 위한 교육 훈련 역시 사업가들의 몫이다. 한마디로 얘기하자면 **회사와 독립 사업가**들이 경제의 두 축인 **공급망**(Supply Chain)과 **소비망**(Consumer Network)을 각각 담당해서 사업을 확장해가고 발생된 매출에 대한 이익을 공유하는 방식이다. 때문에 IBO들에게 가장 크게 요구되는 마인드셋은 **오너십**(Ownership)이다. '이 사업은 내 사업이다.' 라는 마인드는 어찌 보면 지극히 당연한 생각인데 자기 사업을 해 본 경험이 없는 사람들 중에는 근로자 마인드로 피동적 수동적으로 사업에 임하는 경우를 종종 발견하게 된다.

사업가들끼리의 호칭도 변하고 있다. 언제부터인가 한국에서는 '사장님'이라는 호칭 대신 '리더님'이라는 호칭을 더 많이 사용하고 있다. 필자는 개인적으로 전자를 선호하지만 대세를 거스를 순 없으니 상대가 사용하는 호칭에 맞춰서 응대하는 편이다. 호칭은 정체성을 나타낸다. 사장에게 필요한 것이 오너십이라면 리더에게 요구되는 것은 리더십이다. 혼자 하는 사업이 아니라 팀웍으로 하는 사업이니 당연히 우리 사업에서 리더십은 필요하다. 기본적으로 우리 사업에서 요구되는 리더십은 **섬김의 리더십**이다. 그리고 **리더십의 출발은 팔로워십**이다. 우리 사업 안에서 우리 각자는 누군가에게 리더 역할을 해야 하고 동시에 누군가의 팔로워 역할을 해야 한다. 훌륭한 팔로워가 위대한 리더가 될 수 있다. 사업을 성장시키기 위해서는 섬김의 리더십과 본보임의 리더십이 필수적이다. 사업 성장의 의지를 가진 오너라면 당연히 이러한 리더십을 고양하기 위해 노력한다. 필자는 사업과 관련해서 리더십을 오너십의 하위 개념으로 생각한다. 리더라는 호칭보다 사장이라는 호칭을 선호하고는 이유도 여기에 있다. 우리는 리더가 되기 위해 이 사업을 하는 것이 아니라 사업을 성장시키기 위해 리더십이 필요한 것이다. 결론적으로 말하자면 우리 사업에 있어서 **진정한 리더십은 오너십을 복제하는 것**이다. 사업가의 마인드셋을 정확히 복제할 수 있도록 발휘하는 리더십이 진정한 리더십이고 IBO 마인드셋이 제대로 확립된 사업가들이 모인 네트워크라면 리더십에 대한 고민은 접어두어도 될 것이다.

2. 1인 CEO

사업 환경이 오프라인에서 온라인으로, 아날로그에서 디지털로 바뀌어가던 2000년대 초반에 필자가 했던 사업설명의 제목이 '**디지털 시대의 1인 CEO**'다. 사업설명을 현장에서 촬영하고 편집해서 비디오 테이프로 제작해 사업 자료로 활용했으니 당시로서는 시대를 많이 앞서간 셈이다. IBO를 1인 CEO 혹은 1인 기업가로 정의한 이유는 일반적인 기업의 사장의 역할, 중간관리자의 역할 그리고 사원의 역할을 우리 사업에서는 혼자서 해낼 수 있어야 하기 때문이다. 1인 기업가로서 해야 하는 역할을 요약하면 다음과 같다.

사장의 역할 : 일반 기업에서 사장이 하는 주된 역할은 목표를 설정하고 비전을 제시하는 것이다. 한마디로 기업이 나아갈 방향을 제시하는 것이 사장의 역할이다. 그리고 경영의 결과에 대한 책임을 지는 것 역시 사장의 몫이다. 우리 사업에서도 마찬가지 장기, 중기, 단기 목표를 설정하고 사업에 대한 비전을 세우는 것이 1인 CEO 사장으로서의 역할이다.

중간관리자의 역할 : 기업에서 중간관리자의 주된 역할은 하부 조직 즉 사원들을 관리하는 역할이다. 각자에게 부여된 업무를 성실히 수행하고 있는지 점검하고 잘못된 부분은 교정하도록 지도하고 더 좋은 성과를 낼 수 있도록 격려하는 등의 역할이 중간관리자의 역할이다. 그렇다면 1인 기업가에게 중간관리자의 역할은 무엇일까? 실제로 질문을 해보면 대부분 고객관리 혹은 사업 파트너 관리라고 답한다. 하지만 사장도 중간관리자도 사원도 나 한 사람인 1인 기업가임을 감안하면 중간관리자로서의 내가 해야 할 역할은 바로 사원인 나를 관리하는 일이다. 복장이나 용모와 같이 사업에 임하는 나의 외적 자세는 물론이고 사업에 대한 전문성을 확보하고 주도적으로 관계를 형

성할 수 있는 내적 자세를 갖출 수 있도록 스스로를 관리하는 것이 주된 역할이다. 그리고 사장인 내가 세운 목표를 달성하기 위한 구체적인 행동계획을 수립하고 사원인 내가 얼마만큼 실행하고 달성했는지를 관리하는 것이 중간관리자로서의 역할이라 하겠다.

사원의 역할 : 실질적으로 현장에서 발로 뛰는 모든 역할은 사원의 역할이다. 우리 사업에서는 제품을 홍보하고 사업의 기회를 알리는 일이 가장 주된 일이다. 구체적인 내용은 뒤에서 자세히 다루기로 한다.

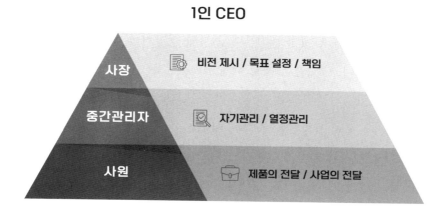

1인 CEO

사장 — 비전 제시 / 목표 설정 / 책임

중간관리자 — 자기관리 / 열정관리

사원 — 제품의 전달 / 사업의 전달

3. IBO 성장의 3단계

우리는 회사와 1:1 파트너 관계인 독립 사업가다. 하지만 독립적인 사업이라고 해서 혼자 하는 사업은 아니다. 공급망(Supply Chain)을 확장하는 것이 회사의 몫이고 소비망(Consuming Network)을 확장하는 것이 사업가의 몫이라고 했는데 우리는 연대를 통해 팀워크로 각자의 사업을 성장시킨다. IBO의 성장과정은 다음과 같이 3단계로 나눌 수 있다.

1단계: 의존 단계 (혹은 배움의 단계 Dependent Business Owner)

우리 사업은 제도권 교육을 통해서는 배울 수 없다. 인터넷을 검색하거나 생성형 AI에게 물어본다고 사업 성장의 해답을 얻을 수 있는 것이 아니다. 사업을 제대로 배울 수 있는 유일한 방법은 먼저 시작한 선배 사업가들과 그들이 구축해놓은 멘토십 프로그램(Mentorship Program), 즉 교육 시스템을 통해서 배우는 것이다. 이 시기에 해당하는 초기 사업가들에게 조언하자면 비즈니스를 배울 때 어린 아기가 엄마에게 말을 배우듯 백지 상태에서 멘토와 시스템의 안내를 100% 흡수하라는 것이다. 걸러서 듣거나 내 생각을 더해서 왜곡할 경우 불필요한 시행착오를 거치게 된다. 왜곡과 응용은 다르다. 원본 그대로 받아들여 배우고 현장에서 상황에 맞춰 응용해 나가는 것이 지혜로운 사업 방법이다. 사업 초기에는 멘토와 함께 하는 현장 경험도 필요하다. 사업 현장에서 멘토가 하는 말 한마디 행동 하나하나를 놓치지 않고 습득하려고 해야 한다. 하지만 이 시기가 너무 길어지면 다음 단계로 성장하지 못하고 계속 멘토에게 의지하면서 사업하는 형태가 될 수 있다. 빨리 배워서 사업의 모든 실무를 독립적으로 하겠다는 자세가 필요하다.

2단계: 독립 단계 (Independent Business Owner)

1인 기업가로서 스스로 해야 하는 일들을 빠르게 숙지해서 진정한 독립 사업가가 되어야 한다. 앞서 언급한 1인 CEO로서의 사장, 중간 관리자, 사원의 역할을 스스로 해내는 단계이다. 특별히 사업의 실무에 해당하는 제품에 대한 정보와 시연, 사업의 기회를 알리는 프리젠테이션 스킬(Presentation Skill) 등은 집중적으로 연마하여 독자적으로 진행할 수 있어야 한다. 기능적인 부분뿐만 아니라 사업에 임하는 자세에 있어서도 사업가다운 오너십이 필요하다.

3단계: 상호협력 단계 (Interdependent Business Owner)

우리 사업은 독립적인 사업이자 동시에 팀워크로 함께 성장하는 사업이다. 내가 속한 팀에서 제공하는 멘토십 프로그램을 통해 내 사업이 성장하듯 나 역시 팀의 일원으로서 함께 하는 사업가들에게 긍정적인 영향력을 끼치는 리더로서의 역할을 해야 한다. 같은 팀 안에서 서로 긍정적 영향력을 주고받으며 시너지 효과를 발휘해 사업은 더 크게 성장한다. 이 과정 속에서 서로의 사업을 보호하기 위해 서로 지켜야 할 규칙이 있다. 첫째, 사업과 관련한 상담은 직접적인 후원 관계에 있는 사업가들끼리만 한다. 그 밖의 팀원들과는 서로 동기부여가 되는 긍정적인 대화만 주고 받는 것이 좋다. 행여 서로의 사업에 간섭하는 부적절한 소통이 발생하게 되면 대화를 중단하고 상황을 멘토에게 전달해야 한다. 그 밖에도 동호회나 사교 모임과 같이 일반적으로 사람이 많이 모이는 곳에서 발생할 수 있는 이성 문제, 금전 거래 문제 등도 경계해야 한다. 자칫 잘못하면 공들여 쌓아 올린 탑을 순식간에 무너뜨릴 수 있기에 철저히 금기시해야 한다.

4. 신뢰 방정식(Trust Equation)

전 하버드 경영대학원 교수이자 법률, 회계, 컨설팅 회사 등의 전문 서비스 업체 관리 분야에서 세계적인 권위자 중 한 사람으로 인정받는 데이비드 마이스터(David Maister) 교수의 대표 저서 <The Trusted Advisor> (신뢰할 수 있는 조언자, 한글번역서 제목 : 신뢰의 기술)에 나오는 신뢰 방정식(The Trust Equation)은 회원제직접판매 사업을 통해 성공을 꿈꾸는 안트러프러너들이 고객 혹은 사업 파트너와의 관계에서 항상 염두에 두고 실천해야 할 중요한 공식이다.

약자로 표현하면 $T=(C+R+I)/S$ 이고,

David H. Maister [The Trusted Advisor]

$$T = \frac{C+R+I}{S}$$

전체를 표현하면 Trust=(Credibility + Reliability + Intimacy) / Self-Orientation 이다.

David H. Maister [The Trusted Advisor]

$$Trust = \frac{Credibility + Reliability + Intimacy}{Self-Orientation}$$

이 공식을 우리 말로 옮기자면 **신뢰 = (믿음 + 예측가능성 + 친밀감) / 자기 중심성** 이라고 할 수 있다. 이 방정식에서 신뢰의 결과값을 높이기 위해서는 분자 값을 극대화하고 분모 값을 최소화 해야 한다. 신뢰방정식을 구성하는 각각의 항목을 회원제직접판매 사업의 관점에서 살펴보고자 한다.

분자를 구성하는 첫 번째 항목인 **믿음**(Credibility)은 **전문성**과 **정직**을 통해 시간 속에서 쌓여간다. 사업 관련 전문성은 뛰어난데 정직하지 못하거나 정직하긴 한데 자신의 일에 대한 전문성이 떨어지면 상대방에게 믿음을 주기 어렵다. 믿음(Credibility)의 어근(語根)인 신용(Credit)은 상대로부터 매겨지는 점수다. 하루 아침에 뚝딱 하고 생기는 것이 아니라 시간 속에서 차츰 쌓여가는 것이다. 초기 사업가의 경우 전공 분야가 아니라면 처음부터 전문성을 확보하기는 어렵지만 핵심 제품과 마케팅에 대해 빠르게 숙지하려고 노력해야 한다. 회원제직접판매 사업의 경우 주력 제품들이 대부분 고도의 전문성을 요하는 제품이 아니라 생활필수품이기 때문에 비즈니스 미팅을 통해서 배운 내용을 주변에 전달하는 과정을 통해 빠르게 익숙해질 수 있다. 마케팅의 경우 사업 초기에는 멘토나 선배 사업가의 도움을 받는 것을 적극 권장한다. 멘토가 나를 대신해서 후원 대상자에게 설명을 하면 제3자의 설명이라 상대방도 보다 편하게 설명을 들을 수 있고 결과도 더 좋게 나오기 마련이다. 뿐만 아니라 멘토의 전문성 있는 설명을 옆에서 직접 보고 배움으로써 효과적인 후원방법을 빠르게 습득하는 기회가 된다.

Reliability를 필자는 우리말로 '**예측가능성**'으로 번역했다. 단어의 느낌을 풀어서 설명하자면 믿고 의지할 만큼의 상태라 하겠다. 사람들은 어떨 때 상대방을 믿고 의지할까? 일관성이 있을 때 예측이 가능하고 예측가능성이 있을 때 상대방이 믿고 의지한다. 감정의 기복이 심한 사람, 직업을 쉽게 바꾸는 사람, 심지어 회원제직접판매 사업에서 회사를 자주 옮기는 사람과 같이 일관성이 없는 사람들은 어디로 튈지 모르는 럭비공 같아서 예측하기 힘들어서 믿고 의지할 수 없다. 일관성이 없어서 상대방에게 불안감을 주는 사람에게는 제품을 사고 싶은 사람도 함께 사업하고 싶은 사람도 생기기 어렵다.

세 번째 요소인 **친밀감**(Intimacy)은 **감정적 믿음**을 배경으로 한다. 가족이나 친구 같은 학연 혈연 지연으로 맺어지는 관계에서 오는 친밀감이 될 수 있고 새롭게 사귀는 인간관계에서도 서로 빠르게 끌리는 사람들이 있다. 라포(Rapport, 공감대)가 빠르게 형성될 수 있는 공동의 관심사가 있다면 친밀감을 빠르게 끌어올릴 수 있다. 대화시 상대방에게 효과적인 질문을 하고 상대의 답변을 경청하는 과정에서 공동관심사를 찾는 기회가 자연스럽게 생긴다.

분자 값을 구성하는 세 가지를 모두 갖추어도 분모에 해당하는 **자기 중심성**(Self-Orientation 혹은 Self-Interest)이 강한 사람은 상대방의 신뢰를 받기 어렵다. 자기 중심성은 이기적 성향에 의해 나타나는데 참바꾸기 힘든 성향이다. 자기 중심성이 강한 사람은 대부분 타인에 대한 배려가 부족하다. 대화시 다른 사람의 말을 경청하지 않는다. 상대방의 얘기를 중간에 끊고 자기 얘기를 많이 한다. 자기 주장도 강하고 심지어 우기기에도 능하다. 말로는 이타적인 것처럼 얘기하지만 실제 행동은 이기적이다. 문제는 스스로를 진단하기는 쉽지 않다는 사실이다. 자기 중심성이 강한 사람이 자신을 객관적으로 평가해서 스스로 그렇다고 인정할 리가 없다. 그래서 정도의 차이는 있지만 누구에게나 조금씩 그런 성향은 있다고 인정하고 각자 자기 중심성을 낮추기 위한 다음과 같은 노력을 해보자.

우선, 상대방의 말을 경청하는 노력이 필요하다. 일단 무조건 들어준다는 마음으로 대화를 하자. 필자가 실천하고 있는 대화법을 소개한다. 첫째, 많이 듣고 적게 말한다. 둘째, 먼저 듣고 나중에 말한다.

이 두 가지 원칙을 가지고 70:30 혹은 80:20 정도로 상대방의 얘기를 많이 들어주는 것이 자기 중심성을 낮추는 최고의 방법이다. 경청은 듣는 척 하는 것이 아니다. 실제로 경청하고 대화 내용을 기억할 수 있어야 한다. 상대가 했던 얘기를 기억하지 못하고 같은 질문을 반복했을 때 민감한 사람들은 불쾌하게 생각하기도 하고 가식적이라고 생각하기도 한다. 1인 기업가들의 경청의 주된 목적은 상대방의 니즈를 파악하기 위함이다. 효과적인 질문을 통해서 상대방의 내면의 얘기를 유도하고 경청하면서 상대의 니즈를 끌어내는 대화의 기술은 경험을 통해서 쌓이게 된다.

대화의 과정에서 **FEEL-FELT-FOUND** 법을 활용하면 상대방의 기분을 상하게 하지 않고 내가 전달하고 싶은 메시지를 효과적으로 전할 수 있다. FEEL-FELT-FOUND 법은 말 그래도 "무슨 말인지 알겠다(FEEL). 나도 처음엔 그렇게 생각했다(FELT). 그런데 알아보니 이렇더라(FOUND)." 라는 방식으로 대화하는 것이다. 무슨 말인지 알겠다. 나도 처음에는 그렇게 생각했다. 라고 함으로써 상대방을 인정해주고 공감대를 형성한다. 그런 식으로 상대방의 경계심을 누그러뜨린 다음 내가 전하고 싶은 정보를 전달하면 좋다. 꼭 비즈니스가 아니더라도 일반적인 대화에서도 상대를 인정하고 공감하는 대화 방식은 적을 만들지 않고 친구를 늘리는 훌륭한 대인관계 방법이다. 하지만 이 방법을 진정성 없이 기계적으로 사용한다면 오히려 역효과가 날 수 있다. 실제로 상대를 인정하고 공감하고자 하는 열린 마음으로 대화를 해야 한다.

이 밖에서 신뢰방정식의 결과값을 올리기 위해 자기 중심성을 낮추는 다양한 방법들이 있겠지만 대화의 기술적인 부분 보다 스스로 이기적 성향과 행동양식을 변화시키고자 하는 의지와 타인에 대해 애정과 관심을 가지려고 노력하는 것이 더 중요하다.

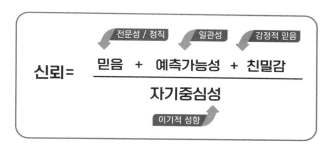

신뢰 방정식과 관련하여 필자가 함께 하는 팀에게 보내는 월간 메시지를 공유한다.

제목 : 크레딧(credit)을 쌓아가는 사업

크레딧이란 단어를 보면 제일 먼저 떠오르는 것이 무엇일까요? 아마도 크레딧 카드가 먼저 연상되는 분들이 많으리라 생각합니다. 크레딧 카드, 즉 신용카드는 금융권에서 인정하는 자신의 신용한도 내에서 사용하는 결제수단입니다. 미래의 수입을 담보로 현재의 지출을 하는 것이 신용카드입니다.

11년 전 제가 미국에서 새롭게 사업을 시작했을 때, 한국에서 경험하지 못한 배송비 때문에 스트레스를 받은 적이 있습니다. 당시에는 750불(한화 1백 만원 상당) 이상의 제품을 주문하면 무료 배송을 받을 수 있었습니다. 온라인 결제를 위해 신용카드를 발급 받았는데 제게 허용된 카드사용 한도는 700불이었습니다. 세월이 지나도 잊혀지지 않는 이유가 있습니다. 한도가 750불만 되어도 무료 배송을 받을 수 있는데 50불이 모자라서 못했기 때문입니다. 맨주먹으로 새로 시작한 미국 생활이었기에 1불이 아쉬웠던 시절이라 절대 잊혀지지 않습니다.

　암웨이 사업과 함께 미국에서 11년이란 세월이 흘렀고 저는 이제 한도가 무한대인 신용카드를 사용하고 있습니다. 금융 선진국인 미국은 철저한 신용 중심 국가입니다. 집을 살 때도 차를 구입할 때도 개인의 크레딧 스코어(Credit Score ; 신용 점수)에 따라 이자율이 달라지기도 하고 심지어 현금으로 구입하는 경우에도 자금의 출처가 명확해야 합니다.

　크레딧은 쌓아가는 것입니다. 하루 아침에 뚝딱 하고 생기는 것이 아니라 시간 속에서 조금씩 조금씩 쌓이게 되는 것입니다. 이 원리는 비단 금융거래에 국한된 것이 아닙니다. 인간관계에서도 비즈니스에서도 같은 원리가 적용됩니다. 첫인상은 너무 좋은데 만날 때마다 실망하게 하는 사람이 있습니다. 말은 그럴듯하게 하는데 돌아서면 왠지 찝찝함을 남기는 만남도 있습니다. 그 반대의 경우도 허다합니다.

만날수록 믿음이 가는 사람이 있고 사귀어볼수록 진국인 사람이 있습니다. 겪어봐야 아는 것이고 시간이 걸리는 일입니다. 그렇기 때문에 인간관계에 있어서의 크레딧도 세월 속에서 쌓여지게 되는 것입니다.

우리 사업은 인간관계 사업입니다. 나와 고객과의 관계, 나와 파트너와의 관계, 나와 형제그룹과의 관계, 그리고 나와 스폰서와의 관계. 이 모든 관계에서 크레딧의 원리는 작동하고 그 결과값이 사업에 그대로 반영됩니다. 고객에게 신뢰를 주지 못하는 사업가 주변에 좋은 고객이 많이 남아있을 리가 없습니다. 언행이 일치하지 않는 리더를 계속 믿고 따라올 파트너는 흔치 않습니다. 부정적인 소재로 형제그룹과 소통하는 사업가 주변에 긍정적인 형제그룹이 가까이 가지 않습니다. 무엇보다도 내 사업의 첫 날부터 지금까지 함께한 스폰서와의 관계는 더 중요합니다. 스폰서에게 신뢰를 잃은 사업가가 성공적인 결과를 내는 경우를 본 적이 없습니다. 다시 말씀 드리지만 이 모든 관계 속에서의 크레딧은 시간 속에서, 세월 속에서 쌓여가는 것입니다.

20대 중반에 이 사업을 만나서 평생을 한 가지 사업을 하면서 살고 있고 남은 생도 같은 사업을 하면서 살아갈 것이기에 제가 추구하는 사업은 즐거운 사업이고 행복한 사업입니다. 상대가 고객이든 파트너든 형제그룹이든 스폰서든 상관없이 누구에게나 시간 속에서 좋은 크레딧을 받고 싶고 쌓아가고 싶습니다.

저 역시도 상대방에 대해서 같은 입장입니다. 이미 28년의 세월 속에서 제 스폰서님은 한결같은 모습을 보여주셨기에 저는 제 스폰서님에게 무한 신뢰를 가지고 있습니다. 한국암웨이가 오픈한 첫날부터 오늘까지 묵묵히 한 길을 걸어가시면서 앞서가신 발자국을 제가 믿고 따라갈 수 있도록 보여주고 계십니다. 형제 그룹 리더분들에 대한 신뢰도 세월 속에서 쌓여가고 커져갑니다. 저는 파트너를 후원할 때 함부로 평가하지 않습니다. 사업의 기회를 알려드리고 사업하는 방법을 안내해 드리면서 시간 속에서 진행 상황을 지켜봅니다. 우리 사업에 꼭 필요한 자질인 정직, 일관성, 열정, 끈기, 행동력, 책임감 등을 갖춘 미래의 다이아몬드를 기다리고 있습니다.

이 모든 자질을 확인하는 가장 좋은 방법이 미팅입니다. 미팅에 대한 일관성과 우선순위, 그리고 미팅에 임하는 자세를 보면 예측이 가능합니다. 잠시 잠깐은 누구나 잘할 수 있습니다. 하지만 시간 속에서 꾸준하지 못한 사람은 결국 성공을 향한 대열에서 탈락하게 됩니다.

회사도 우리에게 크레딧을 매깁니다. 사업과 관련한 매일매일의 활동들을 통해 우리는 회사의 크레딧을 쌓아갑니다. 그리고 그 크레딧은 네트워크로, 매출로 쌓여서 마르지 않는 금맥이 되어 인세적인 수입으로 보상받습니다. 한 달 열심히 뛰고 마감했는데 다음 달 1일이 되어 실적이 0 PV가 되면 왠지 쌓아간다는 느낌이 안 드실 수도 있습니다. 하지만 세월 속에서 조금씩 크레딧이 쌓이다 보면 언젠가는 월

말에 자고 일어나면 첫날에 퀄리파이가 되는 그런 날이 오게 됩니다. 그날이 오면 여러분은 이미 다이아몬드 클럽에 입성한 자신을 발견할 것입니다.

크레딧을 쌓아가는 사업이 암웨이 사업입니다. 그리고 그 크레딧을 쌓는 것도 갚아먹는 것도 주체는 나 자신입니다. 지금 이 순간 나의 선택이 내 미래를 결정합니다. 새 회계연도를 준비하는 골든타임을 비장한 마음으로 맞이하며 회사 창립 70주년까지 4년의 치열한 여정에 동참할 리더를 기다립니다.

Chapter 8

안트러프러너의 성공 열쇠 – RRTM
(Retailing Recruiting Training Motivation)

한국에 안트러프러너를 위한 교육시스템이 정착되기 전이었던 1990년대 초에 글로벌 회원제직접판매기업 암웨이에서 자사 사업가들을 위한 가이드북을 발간한 적이 있다. 회사의 창업자 리치 디보스의 가르침을 담은 이 책의 제목은 **'암웨이 사업의 성공을 여는 4가지 열쇠 – RRTM'**(Retailing Recruiting Training Motivation)이다. 세월이 수 십 년이 흐르고 사업 환경도 많이 바뀌었지만 이 사업의 본질은 변하지 않는다. 필자는 안트러프러너의 사업 활동을 정의하는데 있어서 이 네 가지 성공 열쇠 보다 더 정확한 설명은 없다고 생각하고 필자에게 누군가 "당신이 하는 일이 무엇인지 구체적으로 알려주세요." 하고 물으면 항상 이 네 가지 열쇠, RRTM에 입각해서 대답한다.

"저는 암웨이사의 제품을 취급하고 있습니다. 제가 누구보다 적극적으로 애용하고 있고 주변 사람들에게 판매합니다. 제품에 만족한 소비자들에게는 회원가입을 권하고 애용자가 될 수 있도록 안내하고 추가 소득을 필요로 하는 사람들에게는 사업의 기회를 설명하고 교육 시스템을 안내해 드립니다. 그리고 사업에 조인하신 분들이 성공적인 결과를 만들 수 있도록 정기적이고 지속적인 교육 훈련과 동기부여를 제공합니다."

1. Retailing(소매활동)

회원제직접판매 업계에서 말하는 리테일링(Retailing, 소매활동)은 일반 점포의 소매 판매와는 성격이 다르다. 매장이 있고 없고의 차이가 아니다. 찾아오는 소비자를 응대하느냐 아니면 소비자를 내가 찾아가느냐의 차이다. 편의점이든 할인매장이든 백화점이든 일반적인 점포 판매의 경우, 필요에 의해서 자발적으로 찾아온 고객을 응대하는 과정에서 거래가 성사되면 매출이 발생한다. 하지만 회원제직접판매 방식의 사업에서는 보다 능동적이고 적극적인 자세가 필요하다. 리테일(Retail)은 리(Re, 다시)와 테일(Tail, 꼬리)의 합성어다. 말 그대로 꼬리에 꼬리를 물고 반복적인 구매가 발생할 수 있도록 지속적인 관계 형성이 필요하다. 고객을 창출하고 단순 고객을 충성도 높은 고정 고객으로 만들어가는 구체적인 내용은 별도의 장에서 다루기로 하고 이 장에서는 리테일링의 중요성과 필요성에 대해 얘기하기로 한다.

우리 사업은 다음과 같은 방식으로 성장한다. 제품을 사용하고 만족한 소비자가 자발적으로 자신의 경험을 주변 사람들에게 전파하고 그들에게도 제품 사용을 권장함으로써 매출이 발생하고 그에 따른 수입이 발생함으로써 자연스럽게 소비자에서 사업가로 변모하고 성장하게 된다. 역사와 전통을 자랑하는 글로벌 회원제직접판매 기업들은 이러한 전통적인 방식으로 오랜 세월 속에서 오늘날 생필품 유통 시장에서 독자적인 영역을 확보하고 있다. 만약 이 책을 읽는 독자 중에서 안트러프러너로서 성공하고자 하는 분이 있다면 가장 명심해야 할 것은 회원제직접판매 사업을 표방하는 기업들 중에서 리테일링의 중요성을 간과하거나 오히려 터부시하는 회사가 있다면 그런 회사를 경계하라는 것이다. 세상에 존재하는 모든 비즈니스는 매출을 기반으로 한다. 매출이 있어야 수익이 발생한다. 기업의 목적은 이윤추구하고 그 이윤을 극대화하는 것이다. 이윤추구를 하지 않는 사업이 있다면 그것은 자선사업이다. 다시 말하지만 매출이 없으면 비즈니스는 성립할 수 없다. 일반 사업도 그러할진대 하물며 점포 없이 소비자를 직접 상대하는 회원제직접판매 분야에서 리테일링을 경시한다는 것은 어불성설이다.

암웨이사의 창업자인 리치 디보스는 "어떻게 하면 사업을 성공할 수 있나요?"라고 하는 사업가들의 질문에 다음과 같이 대답했다. "제품의 전달과 사업의 전달을 꾸준히 하면 됩니다." RRTM의 부제목이 '암웨이 사업의 성공을 여는 4가지 열쇠'였음을 기억하라. 첫 번째 열쇠로 첫 번째 성공의 문을 열어야 한다. 두 번째, 세 번째 열쇠를 첫 번째 열쇠구멍에 넣어서는 그 문은 절대 열리지 않는다. 1972년에 암웨이의 자회사가 된 건강기능식품 분야 세계 판매 1위 브랜드, 뉴트리라이트(Nutrilite)는 1934년에 창업하여 올해로 90주년을 맞이했는데 초창기에는 사업가인 디스트리뷰터에게 20명의 고객이 있어야 다른 사람을 디스트리뷰터로 가입시킬 수 있는 후원 자격을 부여했다고 한다. 참고로 2024년 현재 미국과 캐나다에서는 암웨이 사업을 시작한 신규 사업가가 다른 사람을 후원하는 자격을 획득(unlock sponsoring)하기 위해서는 미화 300불의 누적 소비자 매출이 있어야 한다.

2. Recruiting(후원활동)

우리 사업의 성공을 여는 두 번째 열쇠는 리크루팅이다. 직역하면 구인활동이다. 일반적으로 기업이 필요로 하는 인재를 발굴하는 과정을 말한다. 채용의 과정에서 서류면접, 필기시험, 인터뷰 등의 과정을 거쳐서 최종적으로 기업에 필요한 우수 인력을 선발한다. 서문에서 언급했듯이 노동시장도 수요와 공급의 법칙의 지배를 받기 때문에 고급인력을 필요로 하는 시장일수록 채용 과정인 리크루팅 단계에서 높은 진입장벽을 세우게 되고 이를 통과한 이들에게 그에 상응하는 근무환경과 보상이 제공된다.

리크루팅 과정에서 가장 중요하고 선행되어야 하는 것은 기업에 대한 홍보다. 입사를 희망하는 사람들을 고객이라고 생각한다면 고객의 니즈(Needs)를 극대화하기 위한 적절한 광고 홍보가 필요하다. 그런 면에서 리크루팅은 마케팅과 많이 닮아있다. 마케팅이 제품을 판매하기 위한 일련의 활동이라면 리크루팅은 **인재를 영입하기 위한 일련의 활동**인 것이다. 그리고 마케팅과 리크루팅 모두 상대방의 니즈를 끌어내고 관계에 있어서 주도권을 유지할 수 있어야 성공적인 결과를 만들 수 있다.

하지만 엄밀하게 얘기하자면 회원제직접판매 사업에서의 리크루팅은 일반 기업의 리크루팅과는 성격이 다르다. 기업 리크루팅의 최종 단계는 갑과 을의 '근로계약서' 작성이다. 근로계약이 성립되고 직장생활이 시작되면 근로자에게는 계약서에 근거한 급여와 복리후생이 뒤따른다. 회원제직접판매 사업의 경우 근로계약을 체결하는 것이 아니라 회사와 파트너십 계약을 맺는다. 그리고 그 계약은 매년 갱신이라는 절차를 통해 연장하게 된다. 그리고 완전한 실적제이기 때문에 시간제 임금을 받는 근로자와는 본질적으로 일의 성격이 다르다. 우리 사업에서의 리크루팅은 근로자를 찾는 구인활동이 아니라 안트러프러너로서 활동할 사업가를 찾는 적극적 구인활동이라 정의할 수 있다. 고객 혹은 사업 대상 명단을 작성하고, 연락하고, 만나고, 제품 혹은 사업의 기회에 대해 제대로 프리젠테이션을 하는 등의 일련의 과정이 리크루팅의 단계에 해당한다고 할 수 있다.

3. Training(교육훈련)

앞서 소개한 암웨이사의 창업자 리치 디보스가 조언한 사업의 성공 비결-"제품의 전달과 사업의 전달을 꾸준히 하는 것."-을 줄여서 표현하면 판매와 후원이다. 회원제직접판매 사업에서의 판매가 리테일링이라면 후원은 스폰서링(Sponsoring)이라고 표현한다. 초기 사업가를 발굴하고 그 사업가를 리더로 양성하는 일련의 과정을 스폰서링이라고 하는데 이를 수학적으로 표현한다면 다음과 같다.

$$S = (R + T) \times M$$

$$Sponsoring = (Recruiting + Training) \times Motivation$$

$$후원 = (리크루팅 + 교육훈련) \times 동기부여$$

특정 회원제직접판매 기업의 제품을 구입해서 사용해 보고, 써보고 좋은 점을 주변에 자랑하고 또 그를 통해 수입이 발생하게 되면 사업의 기회를 자랑하게 되는데 이러한 일련의 과정 속에서 자랑을 보다 정확하고 구체적이고 체계적인 방식으로 하기 위해서 함께 모여서 공부하는 비즈니스 미팅이 정착된 것이 교육 시스템이다. 잘 짜여진 교육 시스템은 성공적인 경험치를 가지고 있는 선배 사업가들이 공동의 주체가 되어서 주간 월간 계간 연간의 커리큘럼으로 지속적이고 반복적으로 제공한다.

　성공적인 안트러프러너가 되기 위해서 반드시 명심해야 할 것은 자신에게 제공되는 교육 시스템에서 절대 이탈하지 말라는 것이다. 시스템에서 제공되는 모든 교육훈련에 적극적이고 주도적으로 참여해서 안트러프러너로서 갖추어야 할 각종 지식들을 습득하고 실행에 옮겨서 내 것으로 만드는 노력들을 반복해야 한다. 그리고 궁극적으로는 트레이닝을 받는 사업가에서 트레이닝을 하는 사업가로 성장해야 할 것이다. 나를 스폰서링 하는 멘토가 안내하는 모든 미팅에 빠짐없이 참석하는 것이 사업 성공의 핵심이다. 이 사업에서 독불장군은 존재하지 않는다. 각 개인이 회사와 파트너십을 맺고 진행하는 독립적인 사업임과 동시에 같은 교육 시스템을 공유하는 사업가들이 팀웍으로 함께하는 사업이기 때문에 함께하는 교육훈련이 절대적으로 중요하다. 그래서 우리 사업은 **미팅으로 시작해서 미팅으로 끝난다**고 해도 과언이 아니다.

4. Motivation(동기부여)

후원과 관련한 공식을 기억하는가?

$$S = (R + T) \times M$$

Sponsoring = (Recruiting + Training) X Motivation

후원 = (리크루팅 + 교육훈련) X 동기부여

스폰서링을 구성하는 리크루팅과 교육훈련 이 모든 과정에 모티베이션이 함께 해야 한다. 모티베이션은 흔히 동기부여라고 해석하지만 엄밀하게 구분하자면 **외적 동기부여**와 **내적 동기유발**로 나눌 수 있다. 외적 동기부여는 강의, 책, 음원 등 외부적 자극을 통해 동기를 부여하는 것을 말한다. 내적 동기유발은 외부적 자극에 의해 입력된 지식과 정보를 가공해서 내 것으로 만드는 과정 속에 스스로의 동기가 유발되어 결단을 이끌어내게 되는 것을 의미한다.

시스템에서 제공하는 외적 동기부여는 생명선과 같다. 절대로 놓쳐서는 안 된다. 미팅 참석을 들쑥날쑥하거나 책을 읽고 음원을 듣는 루틴을 중단하게 되면 사업에 대한 열정은 금방 식게 된다. 비즈니스 환경에 지속적으로 자신을 노출시키는 것은 안트러프러너에게는 사업을 성공적으로 진행하기 위한 필수 조건이다. 하지만 외부적 자극으로 발생하는 동기부여는 지속성에 한계가 있다. 미팅이 끝나고 일상으로 돌아와도, 사업 현장에서 거절을 받아도 사업에 대한 열정을 유지하기 위해서는 모티베이션의 또 하나의 축인 내적 동기유발이 필요하다.

지속적으로 자신의 Why를 확인하고 점검하고 강화시켜야 한다. 내가 왜 이 사업을 시작했는지를 기억하고 사업을 통해 이루고 싶은 간절한 꿈을 더 선명하게 그려야 한다. 매일매일이 첫 날인 것처럼, 오늘 처음 사업을 결단한 사람처럼 "Every day is Day 1."(오늘이 첫날이야!)을 외치고 나가야 한다. 내 안에서 강력한 동기가 유발되어 자발적이고 주체적이고 적극적인 사업가로 거듭나면 지금까지와 다른 극적인 사업 성장을 경험할 수 있다. 이미 성공한 자신의 모습을 상상하고 컨퍼런스 무대에서 성공 스피치를 하는 장면도 상상해보라.

내적 동기가 충만한 사람에게는 강력한 자력이 형성되어 스폰서링의 전 과정에 긍정적 영향력을 끼치게 된다. 그리고 그 영향력을 공유받기를 원하는 고객과 파트너가 자석처럼 달라붙게 된다. 내적 동기유발은 나를 움직이게 하는 힘이다. 내적 동기유발을 통해 극적인 사업 성장을 체험하고 그 경험치가 복제되면 기하급수적인 사업 성장을 만들어낼 수 있다.

Chapter 9

안트러프러노믹스
(Entreprenomics)

안트러프러너십을 논할 때 오스트리아 출신의 미국 경제학자 슘페터(Joseph Schumpeter, 1883~1950)를 빼 놓을 수 없다. 그는 자신의 저서 경제발전이론(Theory of Economic Development, 1934)에서 경제발전의 주요 요인으로 안트러프러너의 역할을 강조한다. 그는 혁신적인 안트러프러너가 발명한 새로운 아이템이 현재의 기술과 시장을 무력화하는 과정을 '창조적 파괴'(Creative Destruction)로 설명한다.

(참고 : Entrepreneurship, Economic Growth, and Policy Published online by Cambridge University Press)

하지만 20세기 후반으로 갈수록 생산 유통 관리 R&D 전반에 걸쳐 경제 규모가 커지면서 대량생산의 시대가 도래하고 대기업 중심의 경제구조가 펼쳐짐에 따라 상대적으로 안트러프러너의 역할과 중요성이 약해지는 현상들이 나타났었다. 그리고 인터넷을 기반으로 하는 정보화 시대가 도래하면서 다시 안트러프러너가 주축이 되는 경제가 확산되고 있다. 그리고 이러한 안트러프러너 경제 즉 '**안트러프러노믹스**'는 IT산업 분야에 국한되지 않는다. 회원제직접판매 사업 역시 안트러프러노믹스의 중요한 한 축으로 자리매김을 하고 있다.

우리 사업에서 안트러프러노믹스의 주체는 결국 사람이다. 우리 각자가 기업가 정신으로 무장한 안트러프러너로 성장하고 함께 하는 파트너들도 안트러프러너십을 고양함으로써 안트러프러노믹스에서 우리가 함께하는 회원제직접판매의 시장이 더욱 확장되어 갈 것이다. 다음에 소개하는 글들은 필자가 특별히 중요하게 생각해서 가슴으로 쓴 이 시대의 안트러프러너로서 갖추어 할 기업가 정신이다.

1. 바꿀 수 없는 것, 바꿀 수 있는 것 그리고 바꿔야 하는 것

세상에는 바꿀 수 있는 것과 바꿀 수 없는 것이 있다. 바꿀 수 있는 것에 집중하면 우리는 성장하고 바꿀 수 없는 것에 집착하면 우리의 삶은 불행해진다.

바꿀 수 없는 것을 두 가지만 꼽으라면 **지나간 과거**와 **다른 사람의 마음**이라 하겠다. 현재의 우리 삶의 모습은 지나온 과거에 각자의 선택의 결과다. 후회해도 소용없고 바꿀 수도 없다. '그때 그 집을 샀었어야 했는데, 그때 그 주식을 샀었어야 했는데, 그때 코인을 샀었어야 했는데...' 이런 류의 생각은 우리에게 스트레스만 줄 뿐 아무것도 바꿀 수 있는 것은 없다. 이제 전 세계적으로 불황의 그림자가 드리우니 이번에는 '그때 그 집을, 그 주식을, 그 코인을 팔았어야 했는데...' 하는 사람들이 넘쳐난다. 이렇게 후회로 점철된 인생은 결코 행복할 수 없다.

다른 사람의 마음도 쉽게 바꿀 수 없다. 상대의 마음을 바꾸려면 결국 설득의 작업이 필요하다. 하지만 일반적으로 내가 설득하려 하면 할수록 상대의 심리적 저항도 커지기 때문에 이러한 긴장관계는 필연적으로 스트레스를 유발한다. 사업을 전달하거나 제품을 전달할 때 상대방을 설득하겠다는 마음을 품지 말고 내가 알고 있는 내용을 정확히 전달해서 상대가 올바른 판단을 할 수 있도록 도와주겠다는 마음으로 대화에 임하면 훨씬 좋은 결과를 경험할 수 있다.

바꿀 수 있는 두 가지는 무엇일까? 앞으로 **다가올 미래와 나 자신의 마음**이다. 그래서 지나간 과거 보다 다가올 미래에 초점을 맞추고 타인이 아닌 나 자신을 변화시키기 위해 노력해야 한다. 이러한 과정을 통해서 우리는 정신적 사회적 영적 성장을 이룰 수 있고 참된 행복을 추구할 수 있다.

다가올 미래와 나 자신을 원하는 방향으로 변화하기 위해서 반드시 먼저 **바꿔야 하는 것**이 있다. 먼저 **환경**을 바꿔야 한다. 그 중에서도 **만나는 사람**을 바꿔야 한다. '내가 가장 자주 만나는 다섯 사람의 연봉의 평균이 내 연봉이다.'는 말은 이제 상식이 되었다. 비단 연봉뿐 아니다. 인간은 사회적 동물이기에 각자가 속한 여러 커뮤니티에서 상호 작용을 통해 영향을 주고받는다. 안타깝게도 우리가 일상에서 접하는 인간관계나 매스 미디어를 통해 접하는 소식들은 부정적인 것이 훨씬 많다. 부정적인 정보는 부정적인 영향을 낳기 마련이다. 불황을 예견하는 뉴스를 접하고 긍정적 영향을 받는 사람은 드물 것이다. 이런 부정적 환경은 나 자신을 현실에 안주하게 하고 변화를 주저하게 한다. 불경기를 핑계 댄다고 내 삶이 변하지 않는다. 핑계는 우리에게 심리적 위안을 줄 뿐이다. 나를 성장시키는 긍정적 환경으로 바꾸고 만나는 사람을 내게 긍정적 에너지를 주는 사람들로 바꾸는 가장 쉽고 확실한 방법은 비즈니스 미팅에 꾸준히 참석하는 것이다. 나의 성공을 가장 바라는 사람은 부모님이나 형제들일 수 있지만 실질적으로 성공하는 방법을 제시하고 도와줄 수 있는 사람은 비즈니스의 멘토이고 내가 속한 교육 시스템이다. 이 환경 속에 가능한 나를 많이, 오래 그리고 지속적으로 노출시키는 것이 변화와 성장을 위한 가장 효과적인 방법이다.

또 한 가지 바꿔야 할 것이 있다. 바로 **성공 습관을 루틴으로** 만드는 것이다. 데일리 루틴, 위클리 루틴이 잘 형성되면 그 다음은 시간 문제다. 사업과 관련한 시간의 빈도와 밀도에 의해 사업의 속도가 결정된다. 바꿀 수 없는 것에 집착하지 말고 바꿀 수 있는 것에 집중해서 자발적 적극적 긍정적 변화를 통해 큰 성장을 이뤄내는 우리 모두가 되기를 소망한다.

2. 서 말의 구슬을 모읍시다.

'구슬이 서 말이어도 꿰어야 보배'라고 했다. 열 되가 한 말이라는 정도는 알고 옛날 재래시장에서 쌀 한 되를 계량하는 됫박은 기억이 나지만 서 말의 구슬이 어느 정도인지 가늠해 본 적이 없었다. 한 말이 대략 18리터 정도라고 하니 서 말은 54리터가 되겠다. 1리터가 천 세 제곱 센티미터이니 구슬 하나의 지름이 1센티미터라고 가정했을 때 5만 4천 개의 구슬이 모이면 서 말이 된다.

우리 사업을 위한 속담이 아닐 수 없다. 구슬처럼 귀한 소비자를 모아서 네트워크로 연결하고 시스템으로 보배를 만드는 사업이 우리 사업이다. 우리 사업은 부의 양극화로 인해 기울어진 운동장에서 끊임없이 불리한 경쟁에 내몰리는 이 시대의 보통의 서민들에게 자존감을 지키고 행복을 추구하며 살 수 있게 해주는 훌륭한 수단이다.

팬데믹 이후에도 러시아 우크라이나 전쟁, 중동 지역의 위기 고조로 인한 국제정세의 악화로 인해 세계 경제에 먹구름이 드리우고 있다. 경기와 관련해서는 부정적인 전망이 지배적이다. 불경기가 반가운 소식은 아니지만 분명한 사실은 불경기 때 특별히 회원제직접판매 사업은 성장을 해왔다. 97년 IMF 때도 그랬고 2008년 서브프라임모기지로 촉발된 글로벌 금융 위기 때도 마찬가지였다. 경기가 안 좋으면 소비가 위축될 터인데 이 사업은 왜 불경기에 더 크게 성장을 할까? 여러 가지 이유가 있겠지만, 경제 위기가 닥치면 대중이 자연스럽게 현실점검이 되어서 부업의 필요성을 느끼고 사업의 기회에 대한 소중함을 깨닫기 때문 일거라 짐작해 본다.

지금 우리는 평생에 다시 오지 않을 최고의 타이밍에 도달해 있다. 회사가 제공하는 온라인 교육 프로그램도 사업가들이 함께 만들어 가는 교육 시스템도 완벽하게 구축이 되어서 구슬을 꿸 준비가 끝나 있다. 이제 우리 각자가 장래에 보배가 될 구슬을 모으는 일에 주력하면 된다. 서 말의 구슬을 꿰는 일의 순서를 따져보면 꿰는 게 먼저가 아니다. 모으는 일이 선행되어야 한다. 좋은 교육 시스템 안에서는 현장을 많이 뛰는 리더와 그렇지 않은 리더의 격차는 더욱 커진다.

온라인 교육 시스템의 정착 덕분에 학습에 투입되던 시간과 경비가 절감되었고 그만큼 사업의 효율성이 높아졌다. 과거에 비즈니스 미팅 참석을 위해 오가면서 길에 뿌린 시간들을 현장에서 사업을 전달하는데 투입한다면 우리 사업은 폭발적으로 성장할 수 있다. 지금이 바로 그 타이밍이다. 지금 이 순간 결단하신 여러분이 그 주인공이다.

3. 성장을 위한 점검

비즈니스를 진행하는 과정에서 빼놓을 수 없는 중요한 과정이 점검이다. 한국의 교육 시스템에서는 이 과정을 보통 '상담'이라고 번역해서 사용하지만 원문에 충실해서 본다면 Review the Progress 즉, '사업의 진행 상황을 점검한다.' 가 맞고 여기서 핵심 단어는 '점검'이다.

학창시절 우리는 정기적인 시험을 통해 평가를 받고 그 결과에 따라 성적과 등수가 정해지는 경험을 한다. 가장 냉정하면서도 정확한 점검을 받는 것이다. 학업성적이 우수한 일부 학생들에게는 즐거운 일일지 모르지만 그렇지 못한 대부분의 학생들에게는 괴로운 일이 아닐 수 없다. 하지만 반드시 필요한 학사 일정임은 분명하다. 직장생활을 하면 해마다 인사 고과를 받게 된다. 주로 관리자급의 상사가 고과를 채점하게 되고 그 결과가 승진과 연봉에 반영된다. 학교에서든 직장에서든 우리는 점검의 주체가 아니라 객체이고 수동적으로 결과에 순응할 수 밖에 없다. 분명한 사실은 좋든 싫든 점검을 통해 우리는 현재의 위치와 상태를 파악할 수 있고 다음 단계로의 성장을 위해 방향을 정하고 목표를 설정하고 구체적인 행동 계획을 세우고 실천하고자 애쓰게 된다.

우리 사업에서의 점검은 크게 두 가지로 나눌 수 있다. 스스로를 점검하는 자기 점검과 멘토가 점검해 주는 상담이 있다. 자기점검은 매일 매일의 사업 활동을 일지를 작성하면서 내가 한 것과 하지 않은 것을 확인하고 개선하려고 노력하는 것이다. 그리고 월초에 가졌던 목표와 계획들이 진행되는 과정과 속도를 스스로 점검하는 것도 필요하다.

하지만 사격에서 영점 조정을 하듯 자신을 객관적으로 냉정하게 점검할 수 있는 사람은 흔하지 않다. 그래서 성공적인 경험치를 가지고 있는 멘토와의 상담이 필요하다. 내 비즈니스의 성적표를 정확히 알고 있는 스폰서는 내가 가고 있는 비즈니스 여정의 네비게이션이다. 현재 나의 위치와 가야 할 목적지를 멘토만큼 잘 아는 사람은 없다. 명심할 것은 네비게이션을 켜는 일도 네비게이션의 안내를 따르는 것도 모두 운전자의 몫이라는 사실이다. 성장을 원한다면 멘토에게 상담을 요청해야 한다. 멘토는 학교 선생님이나 직장의 상사와 다른 방식으로 점검한다. 나를 평가하고 상벌을 부여하기 위한 점검을 하는 것이 아니다. 내 사업의 지속 가능한 성장과 궁극적인 성공의 길을 안내하는 것이다.

뿐만 아니라 멘토는 나를 응원하는 최고의 치어리더다. 체육관에서, 혼자 운동할 때 보다 퍼스널 트레이너가 있을 때 운동 효과가 훨씬 뛰어나다. 퍼스널 트레이너가 자세와 같은 기술적 측면을 교정해 주는 일도 하지만 힘이 부쳐 쉬고 싶을 때 옆에서 "한 번 더"라고 외쳐주는 그 한마디가 나를 움직이게 하고 그렇게 사점(dead point)을 극복하는 순간 운동 효과는 극대화된다. 생각해 보시라. 지난 65년의 역사 속에서 셀 수 없이 많은 다이아몬드가 탄생했고 지금도 탄생하고 있는데 여러분 주변에는 왜 안 된다고 하는 부정적인 사람들만 가득할까? 여러분이 만나는 사람들 중에서 여러분에게 성공을 위한 긍정의 에너지를 지속적으로 전달해주는 사람이 몇 명이 있나? 여러분의 멘토가 최고의 치어리더다.

한 가지 더 명심해야 할 사실은 자기 점검과 상담 모두 전제는 progress '진행 상황'이다. 사업의 진행 상황을 점검하는 것이 상담이라고 했으니 진행 상황이 없으면 점검할 것도 상담할 내용도 없다. 학교는 결석을 좀 해도 일정 요건만 갖추면 졸업을 할 수 있다. 직장에서도 때로는 단체 행동으로 파업도 하고 태업을 하기도 한다. 하지만 비즈니스의 세계에는 파업도 태업도 의미가 없다. 제품이든 사업이든 전달하지 않으면 아무 일도 일어나지 않는다. 아무 일도 없으니 아무런 문제가 생기지 않는다. 대신 아무런 성장도 일어나지 않는다.

컨택이 있어야 만남이 있고, 만남이 있어야 전달이 있고, 전달이 있어야 거절도 승낙도 있게 된다. 그런 과정의 반복 속에서 점검해야 할 사업의 progress '진행 상황'들이 생기게 될 것이다. 치열하게 뛰면서 처절하게 부딪치고 힘들고 지칠 때마다 멘토에게 밀착해서 에너지를 충전 받고 방향을 제시받아 목표한 바를 완주하시기 바란다.

4. 회귀본능을 압도하는 성장의지

'회귀본능' 하면 가수 강산에의 노래 '거꾸로 흐르는 강물을 거슬러 오르는 저 힘찬 연어들처럼' 이 떠오른다. 강에서 태어나 1년을 살고 바다로 내려갔다 3~4년 뒤에 산란기가 되면 태어난 곳으로 거슬러 올라가는 연어의 회귀본능은 정말 경이롭다. 하지만 이런 회귀는 새끼를 내가 태어난 강에서 낳겠다는 거룩한 모성애와 강력한 의지로 일어나는 일이 아니라 본능에 의해서 이루어지는 현상이다. 연어뿐 아니라 뱀장어 참치 철갑상어 등 많은 물고기도 같은 방식으로 회귀한다고 한다. 따지고 보면 철 따라 대륙을 넘어 이동하는 철새들도 마찬가지인 셈이다.

우리 사업에서도 회귀본능이 있다. 사업을 만나기 전의 원래 살던 방식으로, 원래 생각하던 대로, 원래 살던 환경으로 되돌아가고자 하는 회귀본능이다. 동물들의 회귀본능은 자연계의 법칙이라 거스를 수도 없고 통제도 불가능하지만 사업을 진행함에 있어서 나타나는 회귀본능은 더 큰 성장의지로 압도할 수 있다. 우리 사업을 진행하면서 나타날 수 있는 몇 가지 회귀본능을 말씀드리겠다. 자가진단해 보시기 바란다.

첫째, **신체적 회귀본능**이다. 필자에게 누군가가 우리 사업의 장점 중 가장 좋은 것 한 가지만 꼽으라고 한다면 주저하지 않고 '부업으로 시작할 수 있는 것'이라고 말한다. 시작이 반이라는 속담이 이 사업에 딱 맞다. 우리가 하는 사업은 업무강도가 높은 일도 아니고 난이도가 높은 일도 아니다. 올바른 방향으로 꾸준히 진행하면 성공할 수 밖에 없는 일이다. 하지만 시작 단계에서 다니던 직장을 그만두고 해야한다면 필자와 같이 평범한 회사원이었던 사람에게는 기회가 오지 않았을 것이다. 세상의 대부분의 부업들은 시간제 아르바이트지만 우리 사업은 부업으로 시작해서 성공할 수 있는 사업이다. 명심해야 할 것은 부업으로 사업을 한다는 것은 또 하나의 직업을 갖는다는 것이고 그런 만큼의 시간 투자가 필요하다는 사실이다. 그리고 이 일은 시간제 임금을 받는 일이 아니라 비즈니스를 하는 것이기 때문에 열정을 가지고 지속적으로 해나가야 한다. 또 하나의 직업이 생긴 만큼 당연히 이전에 비해 바쁘고 육체적으로 더 피곤할 수 있다. 이 때 작동하는 것이 회귀본능이다. 산란을 위해 강물을 거슬러 오르는 회귀본능이 아니라 이전의 삶의 모습으로 돌아가고자 하는 회귀본능이다.

둘째, **심리적 회귀본능**이다. 우리 사업은 행동을 하면 쉬워지고 생각을 하면 어려워진다. 제품에 대한 감동과 사업의 기회를 주변에 전달하다 보면 부정적인 반응을 접하게 된다. 그 상황에서 "Next!"를 외치고 나아가는 사람이 있고 위축되어 혼자 생각에 잠기는 사람이 있다. 이 경우 안타깝게도 대부분의 사람들은 부정적인 심리적 귀소본능을 발휘하게 된다. '어떻게 하면 잘 할 수 있을까?' 로 시작한 생각이 '어려워' '잘 안 될 거야' 와 같은 부정적인 결과로 이어지는 경우가 많다. 그리고 자신을 합리화하게 된다.

셋째, **사회적 회귀본능**이다. 자본주의의 속성상 큰 돈은 소수가 번다. 절대다수의 직장인과 자영업자들이 돈을 버는 것이 아니라 사업가와 투자가들이 대부분의 재화를 독점하고 있다. 우리가 회원제직접판매 사업을 한다고 결정하는 것은 소수의 부자 대열에 합류하겠다고 결심하는 것이다. 우리가 주변 사람들에게 사업을 알렸을 때도 마찬가지다. 우리는 다수의 거절을 접하게 되고 소수가 우리 사업에 동참하게 된다. 그리고 그 소수가 모여서 연간 10조원 이상의 매출을 만들어 회사와 이익을 공유하는 것이다. 그래서 우리는 횟수에 도전한다. 전달의 횟수를 늘리면 거절의 횟수도 늘어나지만 동참의 횟수도 조금씩 늘어난다. 결국 이 사업은 이해하고 동참하는 소수의 합을 늘려서 다수로 만들어가는 사업이다. 안타깝게도 거절하는 다수에 내가 사랑하는 가족과 친구와 가까운 지인들이 있기 마련인데 그 분들과의 관계개선을 빌미로 사업의 속도를 늦추거나 상대방이 바라는 대로 그들과 같은 삶의 패턴으로 회귀하고자 하는 본능을 발동하는 분들이 있다.

지금 우리에게 필요한 것은 이러한 회귀본능을 압도할 수 있는 강력한 **성장의지**다. 회귀는 본능으로 하지만 성장에는 의지가 필요하다. 강력한 성장의지를 지속적으로 유지할 수 있을 때 회귀본능을 압도하고 전진할 수 있다. 그리고 강력한 성장의지를 지속적으로 발휘해 가는 과정에서 **성장통**이 따르기 마련이다. 하지만 그 과정 역시 즐겨야 한다. 성장통은 청소년기에 일시적으로 나타나는 현상일 뿐이다. 사업이 일정 궤도에 오르고 시스템에서 이탈하지 않으면 이미 저항할 수 없는 **성장 가속력**이 생겨서 더 이상의 회귀본능은 작동하지 않는다. 흔히 말하는 **모멘텀**의 순간이다. 그때까지 회귀본능을 압도하는 강력한 성장의지를 발휘하시기 바란다.

여기에 그 해답이 있다.

MITA (Meeting is the Answer: 미팅이 정답이다)
SITA (Show the Plan is the Answer: 사업설명이 정답이다)
CITA (Customer is the Answer: 고객이 정답이다)

5. 마니아(Mania)를 넘어 홀릭(Holic)의 세계로

우리 사업의 진정한 사업가는 마니아 소비자다. 애플의 마니아가 아이폰만 고집하고 맥북만 찾는 것처럼 생필품 소비 채널을 자사 제품으로 고정시킨 사람들이다. 일반적으로 마니아는 다음과 같은 특징이 있다. 첫째, **전 제품을 애용**한다. 둘째, **신제품에 열광**한다. 셋째, **적극적으로 자랑**한다. 그리고 네 번째로 **가격에 구애받지 않는다.**

여기까지는 마니아 사업가들은 이미 생활화되셨으리라 생각한다. 이제 필자는 마니아의 세계를 넘어서 홀릭의 세계로 들어오실 것을 제안한다. 어떤 대상에 깊숙이 빠져들어서 빠져나올 수 없는 상태가 홀릭이다. 술에 빠져들면 알코홀릭(alcoholic) 일에 파묻혀 살면 워커홀릭(workaholic)이라고 한다. 술, 담배, 도박, 마약 등 대부분의 홀릭은 중독을 낳고 삶의 균형을 잃고 파괴적인 결과를 낳기 마련이다.

홀릭을 통해 긍정적 결과를 만드는 일은 우리 사업 밖에 없지 않나 생각한다. 필자가 경험한 일들이 제한적이라 다른 분야는 장담할 수 없지만 적어도 우리 사업에 홀릭하시면 재정적 성공뿐 아니라 건강, 미용, 정서 등 삶의 전반에 걸쳐서 유익한 결실을 맺게 된다. 우리 사업에 온전히 홀릭하시면 몰입의 경지를 체험하실 것이다. 단순히 '열심히' 혹은 '집중해서' 정도가 아니라 몰입의 경지로 사업을 끌어올린다면 당신의 비즈니스는 상상 그 이상의 결실을 맺을 수 있다. 마니아를 넘어서 홀릭의 세계로!

6. 안전 자산에 투자하십시오.

라이프스타일(lifestyle)은 라이프와 스타일의 합성어다. 라이프와 스타일은 달리 표현하자면 시간과 돈이다. 우리의 삶(Life)은 우리 각자에게 주어진 시간만큼 존재하고, 자본주의 사회에서 스타일(Style)을 제대로 갖추려면 돈이 있어야 하기 때문이다.

문제는 우리에게 주어진 시간과 돈이 지극히 제한적이라는 사실이다. 제한적이기 때문에 더 잘 지키고 늘리려고 애를 쓰는지도 모른다. 한 번 사는 인생 행복하게 잘 살겠다고 절약하고 저축하고 쌈짓돈을 모아 주식을 사고 빚을 내서 부동산을 사고 혹시나 하는 맘으로 가상화폐도 사고... 그런데 안타깝게도 우리 인간에게 주어진 제한된 시간과 돈의 상관관계는 일반적으로 반비례다. 돈도 많고 시간도 많으면 좋으련만 대부분 돈을 많이 버는 사람은 무지 바쁘고 무직 이어서 시간이 많은 사람은 돈이 없다. 그리고 극소수의 돈도 많고 시간도 많은 사람들은 속 마음을 나눌 진정한 친구가 없어서 인생이 외롭다.

지금 언급한 이런 고민들을 한 번에 모두 해결해 줄 수 있는 일이 우리 사업이다. 이 사업을 통해 다이아몬드 이상의 리더가 되시면 **세 가지 부**(3 Rich)를 이루게 된다. **시간의 부자**(Time Rich) **재정적 풍요** (Money Rich) 그리고 **친구의 부자**(Friend Rich) 가 된다.

시간의 부자가 되기 위해서는 기본적으로 건강수명을 늘리기 위한 노력을 해야 한다. 내 몸에 균형 잡힌 영양을 공급하기 위해 자사의 건강기능식품을 섭취하고, 좋은 음원을 듣고 정기적으로 미팅에 참석하면서 긍정적인 사고를 하고, 충분한 휴식과 수면을 통해 최적의 컨디션을 유지하고, 내 몸에 맞는 적정한 운동을 꾸준히 함으로써 우리는 건강수명을 늘릴 수 있다. 하지만 시간의 부자가 되는 최고의 방법은 직장과 자영업에서 벗어나는 것이다. 보통의 사람들이 평균 8시간의 노동을 한다고 가정했을 때 기대 수명이 똑같은 두 사람 중 한 사람은 노동을 해야 하는 사람이고 또 한 사람은 더 이상 일하지 않아도 되는 사람이라면 전자 보다 후자가 실질적으로 1/3 은 더 사는 셈이다. 우리 사업을 통해 시간과 돈을 맞바꾸는 함정(Time for Money Trap)에서 벗어나시라. 다이아몬드가 되서서 24시간, 1년 365일을 내가 마음껏 디자인해서 살 수 있는 진정한 자유인이 되시기 바란다.

글로벌 경기 침체가 본격화 되고 있다. 급속한 인플레이션으로 인해 직장인들은 더욱 고통받고 있다. "월급 빼고 다 올랐다."는 말이 유행어가 되었다. 자영업자들은 더욱 치열한 생존경쟁에 내몰리고 있다. 뿐만 아니라 주식이나 부동산 혹은 가상화폐로 한때 호시절을 보냈던 이들도 단체로 아우성을 치고 있다. 이 사업의 기회를 다시 한번 확인하시기 바란다. 경제 활동 인구의 95퍼센트를 차지하면서도 전체 재화의 5퍼센트만 겨우 나눠 갖는 직장인과 자영업자들은 이 사업의 기회를 통해 시간과 돈을 맞바꾸는 함정(Time for Money Trap)에서 벗어나실 수 있다. 고금리 고환율 고물가 시대에 어디다 투자해야 할지 고민이 되신다면 변동성이 큰 자산은 위험 자산이라 말리고 싶다. 위험 자산을 보유하시면 그에 상응하는 스트레스도 덤으로 얻게 된다.

안전자산에 투자하시라. 변동성이 없는, 우상향으로 끊임없이 성장하는, 미래 예측이 가능한 안전자산이 바로 우리 사업이다. 돈은 투자하실 필요 없다. 우리 사업은 시간을 투자하는 사업이다. 처음부터 전업으로 하실 필요 없다. 퇴근 후 시간, 주말 시간을 지속적으로 투자해 보자. 작은 변화와 반복 속에서 복제와 축적이 일어나고 사업이 성장해서 안전자산이 쌓여 갈수록 여러분의 라이프스타일을 구성하는 시간과 돈, 라이프와 스타일이 모두 풍요로워 지실 것이다.

7. 소통하고 공감하고 성장하자

고대 그리스의 철학자 아리스토텔레스가 처음 얘기했다고 알려지는 '인간은 사회적 동물이다.'라는 정의는 누구도 부인할 수 없는 진리다. 인간은 홀로 살 수 없으며, 사회를 형성하여 다른 사람과 상호작용을 하면서 관계를 유지하고 함께 어울림으로써 자신의 존재를 확인하는 동물이다.

인간의 상호작용은 결국 소통을 의미한다. 재소자들이 교도소 안에서 다시 범죄를 저지르면 독방에 가둔다고 한다. 독방이 열악한 환경이어서 징벌의 효과가 있기도 하겠지만 인간이 가장 힘들어하는 것이 혼자 있는 것이고 그 기간 동안 앞서 언급한 상호작용, 관계 유지, 어울림이 불가능하여 자신의 존재감을 확인할 수 없어서 더욱 고통스러운 것이다.

사회적 동물인 우리 인간의 본성을 가장 충실하게 따를 수 있는 직업이 우리 사업이다. 일반 사업도 물론 사회성을 갖는다. 회사 내의 조직이 있고 거래처가 있고 협력업체가 있고 각각의 주체들이 상호작용을 통해 집단의 이익을 추구한다. 하지만 그 안을 들여다보면 명령과 복종, 경쟁과 타협 등 약육강식과 적자생존의 정글의 법칙이 적용되는 사회다.

우리 사업은 독립 사업가들이 연대를 통해 함께 파이를 키워가는 상생의 비즈니스 모델이다. 상대평가가 아닌 절대평가의 사업, 제로섬 게임이 아니라 포지티브섬 게임인 사업, 그리고 선착순이 아니라 완주만 하면 모두에게 금메달을 걸어주는 사업이다. 우리는 사회적 동물이라는 본성에 충실하면서 소비자 네트워크를 형성하여 상호작용을 하면서 관계를 유지하고 함께 어울림으로써 사업을 확장하고 있다.

사회적 동물로서 이상적인 상호작용을 하기 위해서는 **바른 소통**과 **진정성 있는 공감**이 필요하고 이를 통해 우리는 지속 가능한 사업 성장을 이룰 수 있다. 그렇다면 프로페셔널한 사업가로서 갖추어야 할 올바른 소통 방식은 무엇일까?

첫째, 소통은 **쌍방향**으로 이루어져야 한다. 소통의 수단이 문자든 음성이든 영상이든 한쪽에서만 일방적으로 전달하는 형태가 반복되고 상호작용이 없다면 그 내용과 형식에 문제가 없는지 점검해야 한다.

둘째, **소통은 보다 빈번하고 즉각적**으로 이루어져야 한다. 비즈니스의 세계에서는 타이밍이 중요하다. 간발의 차이로 누군가는 기회를 놓치기도 하고 누군가는 큰 성공을 거두기도 한다. 우리 사업에서도 마찬가지다. 한참을 고민하다 겨우 용기를 내어 사업을 전달했더니 "왜 이제 얘기해! 나 지난주에 회원 등록했는데." 이런 말을 듣게 되기도 한다. 혹은 '내가 어느 정도 성취해놓고 얘기해야지.' 생각하고 뜸 들이고 있다가 오히려 상대방에게 역으로 후원을 당하는 경험을 하기도 한다. 사업 파트너와의 관계에 있어서도 즉각적이고 빈번한 소통은 성장의 핵심이다.

셋째, **소통은 진정성**이 있어야 한다. AI가 아무리 발달해도 우리가 하는 사업이 미래에도 유망하다고 인정받는 이유는 소비의 주체가 인간이기 때문이기도 하지만 진정성 없는 기계적 소통은 상대방의 공감을 이끌어내기 어렵기 때문이기도 하다. **경청**을 통해 상대방의 **니즈**를 파악하고 **전문성**을 갖춘 **정직**하고 투명한 소통을 통해 상대방과 신뢰를 쌓아간다면 우리는 쉽게 **공감대**를 형성할 수 있다.

인간은 사회적 동물이다. **인간의 본성을 경제활동으로 승화시킨 사업**이 우리 사업이다. 본성에 충실하면서 시간과 재정의 자유를 얻을 수 있는 이 사업을 통해 원하시는 꿈을 모두 이루시기 바란다. 그날이 올 때까지 더 많이 소통하고 더 뜨겁게 공감하고 더욱 폭발적으로 성장하는 우리 모두가 되기를 소망한다.

8. Design Your Future. : 미래를 설계하는 사업

디자인(design)은 영어지만 일상에서 흔히 사용하는 외래어다. 건설업에서 디자인은 설계를 의미한다. 우리 사업의 가장 큰 매력은 바로 내 인생을 내가 설계할 수 있다는 사실이다.

눈대중으로 모래성을 쌓을 수는 있겠지만 설계도 없이 건축이나 토목 공사를 진행하는 것은 불가능하다. 우리의 삶 역시 파도에 쓸려 갈 모래성이 아니라 견고한 건축물을 완성하려면 제대로 된 설계도가 필요하다.

필자가 좋아하는 우리 사업의 닉네임은 **세컨드 찬스**(Second Chance **: 두 번째 기회**)다. 인생 역전의 다시없는 기회가 우리 사업이다. 그런 의미에서 이 사업을 건축에 비유하자면 재건축이다. 낡은 저층 아파트를 허물고 현대식 고층 빌딩을 새로 짓는 공사다. 때문에 거기에 걸맞은 설계도면이 필요하다.

우리 사업의 설계도에서 빠질 수 없는 요소들을 살펴보자. 우선 이 세상 어느 누구에게도 빼앗기지 않을 간절한 꿈이 필요하다. 그리고 그 꿈을 실현할 수 있는 수단이 이 사업임을 인정하는 '선택'의 단계다.

두 번째로 구체적인 목표가 있어야 한다. 막연히 '언젠가 다이아몬드 되겠지.' 하는 생각으로는 실버 프로듀서 핀도 달성하기 어렵다. 감사하게도 회사에서는 고층 건물을 세우기 위한 튼튼한 기초공사가 될 다양한 인센티브를 계속 도입하고 있다.

목표를 세웠으면 구체적인 행동 계획을 세워야 한다. 흔히 말하는 플랜(plan)이다. 사업 활동의 핵심인 판매와 후원을 근간으로 하는 사업활동을 데일리 루틴과 위클리 루틴으로 실천한다면 복제와 축적을 통해 회사가 제공하는 인정과 보상의 수혜자가 될 것이다.

우리 사업의 설계도는 인생의 설계도다. 직업을 통해 인생을 바꿀 수 있는 일이 세상에 얼마나 있을까? 경제활동을 통해 인간 욕구의 최상위 레벨인 자아실현을 할 수 있는 최고의 사업이 바로 우리가 하고 있는 사업이다.

낡은 아파트의 발코니 확장 공사 정도의 사업을 원하는가 아니면 두바이의 버즈 칼리파 같은 초고층 빌딩을 세우는 큰 사업을 하시겠나?

Design Your Business.

Design Your Future.

Design Your Life.

Freedom!

9. 갈대인가 등대인가

확장성을 추구하는 것은 사업가의 기본자세다. 작은 구멍가게로 출발한 자영업자도 비즈니스를 확장하겠다는 의지가 있으면 자신의 레시피를 복제할 수 있는 시스템을 갖추어서 프랜차이즈로 사업을 확장시킨다. 이것이 바로 비즈니스 오너십이다.

우리 1인 기업가에게 있어서 가장 필요한 덕목 역시 '확장 의지'다. 우리 사업의 성장 과정은 단순한 회원 증대의 과정이 아니라 영향력의 확산 과정이다. 사업의 비전을 제대로 본 사업가의 신념은 지속성 있는 열정으로 표출된다. 이렇게 발산된 열정은 상대방에게 긍정적 영향력을 발휘하게 된다. 나의 Why가 상대방의 Why를 자극하고 이로 인해 생긴 가슴 속 작은 파장이 미팅 속에서 학습을 통해 확대되고 강화되어 신념으로 자리잡아 또 다른 누군가에게 긍정적 영향력을 끼치게 된다. 이러한 영향력의 연쇄 반응을 통해 우리 사업은 더 넓고 깊게 확산되어 간다.

이 모든 과정은 우리 사업가들의 사업에 임하는 신념에서 출발한다. 이미 사업에 조인해 있는 파트너뿐 아니라 내가 후원하고자 하는 미래의 사업가들도 현재 내가 가지고 있는 신념의 영향을 받는다. 심지어 단순 소비자들도 신념이 있고 열정이 있는 사업가에게 제품을 소비하고 싶어 한다.

흔들리는 나뭇가지에는 새가 앉지 않는다. 사업의 진행 상황을 점검함에 있어서 파트너나 소비자에 대한 점검도 필요하겠지만 가장 우선되어야 할 것은 스스로에 대한 점검이다. 어떤 새도 믿고 앉을 수 있는 튼튼한 나뭇가지가 되기 위해서는 보다 간절하고 명확한 꿈과 목표를 설정하고 반복되는 미팅을 통해서 나의 신념을 강화해가야 하겠다. 작은 바람에도 쉽게 흔들리는 갈대처럼, 사업에 임하는 내 마음이 조석으로 변하고 상황에 따라 감정의 기복이 심해서 쉽게 상대방에게 노출된다면 사업을 확장시키는데 어려움이 있을 것이다.

갈대가 아닌 등대가 되어야 한다. 세찬 비바람이 몰아쳐도 한자리에 꿋꿋이 서서 항구로 들어오는 배들에게 올바른 항로를 제시하는 등대가 되어야 한다. 우리 사업을 모르는 사람들, 잘 못 알고 있는 사람들에게 제대로 된 사업을 보여주기 위해 우리는 신념의 불빛을 환하게 밝혀야 한다. 하지만 등대가 지나치게 화려할 필요는 없다. 선박이 무사히 입항을 마치면 하선한 승객들은 각자의 목적지를 향해 출발한다. 등대가 아무리 화려한들 그 주변에 계속 머물러 있는 승객은 없다.

잠재적 사업가들을 꿈의 세계 성공의 세계로 안내하는 일이 우리 사업가들의 사명이다. 신념의 불을 환히 밝히되 내 곁에서만 머물러 있게 해서는 안 된다. 나 보다 더 크게 이 사업의 비전을 보는 파트너들이 많이 나오기를 소망한다. 그런 마음으로 매일 매일 최선을 다해 신념의 불빛을 밝히고 있다. 부디 이 글을 읽고 있는 분들이 지금보다 더 크게, 필자 보다 더 크게 사업의 비전을 보시고 큰 사업을 결단하여 더 많은 사람들에게 긍정적 영향력을 전파하는 등대와 같은 사업가가 되시기를 소망한다.

10. 가슴 뛰는 비전

북미지역의 온라인 쇼핑몰 시장을 이분법적으로 나눈다면 아마존과 그 밖의 회사들이라 할 수 있다. 같은 방식으로 구분한다면 회원직접판매 시장은 우리 회사와 그 밖의 회사들로 나뉜다. 그럼 전기차 시장은 어떻게 나눌 수 있을까? 테슬라와 그 밖의 회사들이라고 구분하는데 아무도 이의를 제기하지 않을 것이다.

테슬라 이전에도 다양한 형태의 전기차들이 존재했었지만 오늘날 테슬라가 승자독식이라 할 만큼 전기차 시장을 주도하게 된 가장 큰 원인이 무엇일까? 기후변화와 관련한 시대적 요구도 한 가지 이유일 수 있겠지만 무엇보다 소비자들의 가슴을 뛰게 한 것은 바로 '자율주행' 이라는 신개념의 운전 방식이라고 생각한다.

테슬라의 자율주행이 소비자의 가슴을 뛰게 했다면 우리 사업에서 가슴을 뜨겁게 한 것은 무엇일까? 누군가는 **'소비가 사업의 시작'** 이라는 개념에 가슴이 뛰었을 것이다. 또 누군가는 **직장생활이나 자영업을 하면서 병행**해서 할 수 있다는 점이 동기가 되었을 것이다. 일 할 때만 발생하는 노동수입이 아니라 지속적으로 발생하는 **인세수입의 매력** 때문에 결단하고 뛰어든 경우도 많을 것이다. 그리고 내가 지금 쏟는 노력의 결과가 다음 세대에게 **상속**이 된다는 사실에 가슴이 뛰는 비전을 보는 경우도 허다할 것이다. 당신은 어떤 대목에서 가슴이 뛰었는가? 무엇 때문에 이 사업을 결단했고 왜 지금까지 계속하고 있는가? 처음 사업설명을 듣고 가슴 뛰었던 부분이 분명 있을 것이고 진행해가면서 차츰 발견하는 가슴 설레는 부분들이 있을 것이다.

필자에게 만약 한 마디로 표현하라고 한다면 '**사업의 기회**'라고 하겠다. 일반적인 사업은 부자들의 전유물이고 가진 자들에게 유리한 게임이다. 하지만 우리 사업은 이러한 약육강식 적자생존의 자본주의의 법칙이 하나도 적용이 되지 않는다. 필자와 같이 평범한 회사원 출신도 해낼 수 있고 전업주부도 해낼 수 있고 사회적 약자인 이민자들도 다 해낼 수 있는 동등한 사업의 기회가 주어진 곳이 바로 우리 사업이다.

필자는 28년 전 참석했던 첫 번째 사업설명회를 지금도 잊을 수 없다. 그 날 그 자리에서 처음 접한 새로운 세상에 가슴이 뛰고 뜨거운 피가 용솟음치는 경험을 했다. 그리고 그 첫사랑의 느낌을 지금도 유지하고 있다.

비결은 간단하다. 내가 들은 메시지를, 내가 받은 감동을 다른 이에게 전달하는 일을 반복하는 것이다. 다시 말해 사업설명을 계속 하면 된다. 사업설명을 반복하면 할수록 상대방의 반응과 상관없이 나 자신의 신념이 더욱 강화되는 것을 확인하게 된다. 횟수에 도전하다 보면 나처럼 가슴 뛰는 비전을 보는 파트너가 하나 둘씩 생겨나고 그분들이 변화하고 성장하는 모습을 지켜보고 함께 뛰면서 내 가슴은 더 뜨거워진다. 사업설명을 통한 '가슴 뜀'의 선순환이 반복되면 사업은 저절로 성장하고 때가 되면 이전에 기대하지 못했던 기하급수적인 우상향의 성장곡선을 맞이하게 된다.

하루를 살아도 가슴 뛰는 일을 해야 한다. 심장의 뜨거운 피가 용솟음치는 일을 해야 한다. 나이와 상관 없다. 학력도 무관하다. 현재 어떤 직업에 종사하고 있어도, 심지어 실직 상태에 있더라도 우리 사업을 통해 가슴 뛰는 삶을 시작할 수 있다. 그리고 그 가슴 뛰는 비전을 나누는 삶을 통해 더 큰 보람과 행복을 만끽하시기 바란다.

11. 변수(variable, 變數)를 통제하는 힘

수학에서 어떤 관계나 범위 안에서 여러 가지 값으로 변할 수 있는 수를 변수라고 한다. 우리의 삶에도 크고 작은 변수들이 등장한다. 어떤 변수들은 제어가 가능하고 임기응변으로 대처하기도 하지만 또 어떤 변수들은 속수무책으로 당할 수 밖에 없어 삶의 방향을 송두리

째 바꾸거나 방향을 잃어 표류하기도 한다. 우리가 삶에서 맞이하는 변수들은 그 변인(變因)이 무엇이든 대부분 경제적인 문제를 수반한다. 가족 중 갑자기 아픈 사람이 생기거나 심지어 세상을 떠나는 일도 생긴다. 다니던 직장에서 실직하기도 하고 잘 운영되던 자영업이 망하기도 한다. 믿었던 지인에게 배신을 당하고 사기를 당하기도 한다.

개인 뿐만이 아니다. 코로나 19도, 러시아 우크라이나 전쟁도 우리가 예상하지 못했던 지구촌의 변수였고 날로 심각해지는 지구 온난화와 그로 인한 자연 재해도 우리 인류에게는 감당하기 힘든 변수로 작동하고 있다. 수학적으로 얘기하자면 우리 삶에서 **상수**(constant, 常數)가 아닌 변수가 많으면 많을수록 커지는 불확실성 때문에 스트레스 지수는 상승하고 행복지수는 바닥을 치게 된다.

그런 의미에서 우리가 추구하는 행복은 삶의 변수를 줄이는 것에서 출발한다고 하겠다. 그래서 우리는 변수를 예측하고 대비하기 위한 재정 플랜을 세우게 된다. 하지만 잘못 세운 재정 플랜은 그 자체가 변수가 되기도 한다. 잘못된 투자 정보를 가지고 뛰어든 주식이나 부동산 가상화폐 등에서 원금의 몇 배에 해당되는 금융 레버리지를 사용하다 패가망신하고 빚더미에 올라앉는 사람들의 뉴스를 쉽게 접할 수 있다. 높은 수익률을 미끼로 해서 유명 연예인들을 동원해서 투자자를 모집하고 가짜 배당금을 지불하면서 더 많은 투자자를 끌어 모으는 폰지 사기가 사회 문제가 되기도 한다.

자본주의 사회에서 변수를 통제하는 힘은 결국 건강한 자본에서 나온다. 그리고 우리는 건강한 자본 축적의 수단으로서 이 사업을 선택했다. 우리 사업의 성장과 비례하게 행복 지수는 높아지고 스트레스 지수는 낮아진다. 단순히 돈을 많이 벌어서가 아니라 변수를 통제하고 줄여 나갈 수 있기 때문이다. 변수가 줄어들면 변동성이 줄어들고 반대로 예측가능성이 높아진다. 예측가능성이 높아지면 미래에 대한 불안이 줄어들게 되니까 당연히 스트레스 지수는 낮아지고 행복 지수는 높아지는 것이다. 주식으로 어제 1억을 벌었던 사람이 오늘 쪽박을 찰 수도 있지만 우리 사업으로 월 평균 1만 불을 벌던 사람의 다음 달 수입이 천 불로 떨어질 가능성은 제로에 가깝다. 지속 가능한 인세적 수입을 일으킬 수 있는 안전한 사업이 우리 사업이다. 매달, 평생, 증가하고 상속까지 가능한 우리 사업을 통해 건강하고 안전한 자산을 쌓아가면서 삶의 변수들이 점차 사라지고 돌발 변수들을 통제할 수 있는 힘 있는 자신을 발견하게 될 것이다. 우리 사업은 나와 내 가족의 오늘과 내일을 지킬 수 있는 힘의 원천이 되는 사업이다. 이 사업을 통해 삶의 변수들을 통제하고 전 생애에 걸쳐 주도적으로 행복을 추구하면서 살아가는 우리 모두가 되기를 소망한다.

12. 중심(中心)에 서서 중심(重心)을 키우자

공간적 개념으로 볼 때 중심(中心)은 한가운데, 복판을 의미한다. 영어로는 center, the middle 이라고 하겠다. 우리 사업과 관련해서 사업가들이 반드시 중심(中心)에 서 있어야 하는 두 개의 골든 서클(Golden Circle)이 있다.

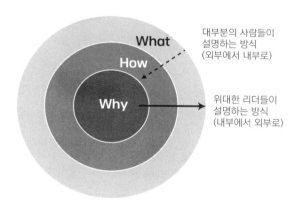

첫번째 골든 서클은 사이먼 시넥(Simon Sinek)의 골든 서클이다. 이 골든 서클의 중심(中心)에 'Why'가 있다. Why는 크게 두 가지로 나눌 수 있다. 현재 내 위치를 명확히 파악하는 현실점검과, 내가 가고자 하는 방향인 꿈과 목표다. 전자를 소극적 Why 후자를 적극적 Why로 구분한다. 적극적 Why는 또 두 가지로 나눌 수 있다. 긍정적 Why와 부정적 Why다. 긍정적 Why는 꿈과 목표를 갖게 하고 부정적 Why는 핑계를 제공한다. 골든 서클의 중심에 서서 명확한 현실점검과 간절

하고 선명한 꿈과 목표를 세우고 5년이라는 시간 동안 흔들림 없이 나아간다면 반드시 다이아몬드 클럽에 입성하게 될 것이다.

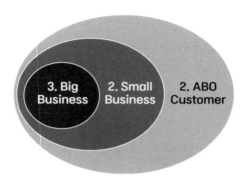

두 번째 골든 서클은 비즈니스 타입(Business Type)의 골든 서클이다. 이 골든 서클의 중심(中心)에는 빅 비즈니스(Big Business)가 있다. 그 바깥쪽 원이 스몰 비즈니스(Small Business), 제일 바깥 원이 커스터머(Customer)다. 이 골든 서클에는 파레토의 법칙이 적용된다. 전체 사업가 중에 20퍼센트의 사업가가 시스템에 조인해서 빅 비즈니스 형태의 사업을 하고 나머지 80퍼센트는 스몰 비즈니스 형태로 자가소비와 제품 판매만 하고 있다. 파레토의 법칙에 따라 20퍼센트의 사업가가 전체 매출의 80퍼센트를 일으키고 나머지 80퍼센트가 20퍼센트의 매출을 발생시킨다. 1/N 로 계산을 해보면 빅 비즈니스와 스몰 비즈니스는 매출과 수입에서 평균 16배의 차이가 발생한다. 여러분이 만약 시스템의 중심에만 머무를 수 있다면 엄청난 성공의 기회가 생기는 것이다.

앞서 말씀 드린 두 개의 골든 서클에서 중요한 것은 내가 중심에서 벗어나지 않겠다고 결심하면 어느 누구도 나를 바깥으로 밀어내지 못한다는 사실이다. 세상에서 흔히 말하는 성공 중에 외부의 영향을 받지 않고 순수하게 내 의지로 성공할 수 있는 일이 얼마나 있을까?

골든 서클의 **중심(中心)**에서 벗어나지 않으면 **중심(重心)**을 키울 수 있다. 사전적 의미로 중력(重力)이 합쳐지는 힘이 작용한다고 생각되는 점(點)이 중심(重心)이다.

질량이 있는 모든 물체 사이에는 서로 끌어당기는 힘이 작용한다는 것이 만유인력의 법칙이다. 지구의 중력(重力)이 대표적이라 하겠다. 우리 사업에서도 중력(重力)이 작용한다. 우리가 명확한 Why와 시스템의 중심(中心)에 있을 때 우리의 중심(重心)이 점점 커져서 더 큰 중력을 발휘할 수 있다. 단순히 제품만 소비하는 소비자도 신념이 있는 사업가에게 물건을 구입하고 싶어한다. 똑같은 제품도 누가 전달하냐에 따라 다른 가치를 발휘한다. 사업가라면 더 말할 나위 없다. 어떤 리더, 어떤 멘토가 되고 어떤 그룹을 키우기 원하는가? 흔들리는 나뭇가지에는 새가 둥지를 틀지 않는다고 했다. 명확하고 간절한 Why와 시스템의 중심(中心)에 굳건히 서서 단단한 중심(重心)을 잡고 끌어당김의 법칙을 체험해보시기 바란다.

4
PART

꿈, 목표, 계획
그리고 비젼

Chapter 10

꿈 가꾸기
(Dream Building)

1. 꿈, 신의 선물

하나님이 인간에게 주신 특별한 선물이 꿈을 꾸는 능력이다. 다른 동물들은 본능과 경험에 의지해 살아가지만 인간은 꿈을 꾸고 미래를 설계하면서 살아간다. 바꿔 말하면 시간의 개념을 구체적으로 가지고 살아 가는 지구상의 유일한 생명체가 인간이다. 과거에 대한 회고, 현재에 대한 자기 점검, 그리고 그것을 바탕으로 미래의 발전적 자화상을 그려내고 이를 실현하기 위해 노력하는 것은 하나님이 주신 특별한 선물을 귀하게 잘 사용하는 일이라 하겠다. 그리고 자신에게 주어진 시간이 제한적이라는 것을 알고 그 한정된 시간들 속에서 자아실현을 위해 최선을 다하는 것이 우리가 이 땅에서 추구해야 하는 궁극의 행복이다. 꿈꾸는 능력이 인간에게만 있다는 것은 그것이 인간을 다른 동물들과 구별 짓는 중요한 잣대라는 의미다. 비약해서 표현하자면 만약 누군가가 꿈 없이 하루하루를 무의미하게 살아간다면 그의 삶은 다른 동물들과 차별화가 안 된다는 뜻이다. 그러므로 우리는 우리 자신의 가치를 확인하고 인간으로서의 존엄성을 스스로 확보하기 위해서라도 꿈을 가져야 한다.

2. 매슬로우 박사의 욕구 5단계

바람직한 꿈 가꾸기를 위해서 매슬로우(Abraham Maslow, 1908~1970) 박사의 인간의 욕구 단계에 대해 소개하고자 한다. 매슬로우 박사는 인간의 욕구를 다음의 다섯 가지로 분류했다.

매슬로우 박사의 욕구 5단계 Maslow's Hierarchy of Needs

- 자아실현 — Self Actualization
- 존중 욕구 — Esteem Needs
- 사랑과 소속 욕구 — Love & Belonging
- 안전 욕구 — Safety Needs
- 생리적 욕구 — Physiological Needs

첫 번째 단계가 생리적 욕구이다. 인간이 살아가는 데 있어서 가장 중요하고 기본이 되는 욕구가 생리적 욕구이다. 흔히 말하는 의식주와 관련된 기본 욕구가 여기에 해당된다. 생리적 욕구가 충족되지 않고서는 다음 단계의 욕구를 추구할 수 없다. 안타깝게도 중산층이 붕괴된 오늘날의 경제구조에서는 인구의 대다수가 이 단계를 완전히 충족시키지 못하고 있으며 평생을 먹고 사는 일 때문에 걱정하면서 살아가고 있다.

두 번째 단계는 안전의 욕구이다. 작게는 개인에서부터 크게는 국가에 이르기까지 기본적인 생활고가 해결이 되면 인간은 안전에 대한 욕구를 추구하게 된다. 첫 번째 단계인 생리적 욕구를 충족시키지 못한 사람들은 돈을 벌기 위해서라면 위험한 동네에서도 장사를 마다하지 않고, 산업재해의 위험성이 있는 직종에도 뛰어들어서 소득을 높이기 위해 애쓰기 마련이다.

위의 두 단계의 욕구가 해결된 사람이 추구하는 욕구가 애정과 소속감, 그다음 단계가 명예, 그리고 인간이 추구하는 욕구의 마지막 단계가 자아실현의 단계이다. 자아실현의 단계는 한마디로 말해서 '내가 왜 태어났고 무엇을 할 것이며 무엇을 남기고 갈 것인가?'에 대한 자아의 존재 본질의 가치를 추구하는 최상위 레벨의 욕구인 것이다. 1, 2 단계가 생존 혹은 자립을 추구하는 단계라면 3, 4, 5 단계는 성취를 추구하는 단계라고 할 수 있다.

필자가 생각하는 가장 이상적인 꿈 가꾸기는, 위에서 소개한 다섯 가지 욕구 단계 중 자신이 처해있는 단계를 확인하고 그 단계를 충족시키는 꿈을 우선으로 하는 것이다. 물론 궁극적인 자아실현의 꿈과 목표를 세우고 실천해야 하겠지만 너무 멀리 있는 꿈만 쫓다 보면 작은 장애물에 넘어졌을 때 쉽게 포기하게 될 수도 있다. 가장 간절하면서 소중한 꿈은 가까운 미래에 실현할 수 있는 꿈이고 그러한 꿈이 우리가 장애물을 만났을 때 걸림돌이 아닌 디딤돌로 삼아 뛰어넘도록 도와준다.

3. 꿈의 구체화 : 기록하고 시각화하라

위에서 살펴본 매슬로우 박사의 욕구 단계 중 자신이 어느 레벨에 있는지를 확인하고 그 단계를 충족시킬 수 있는 꿈을 구체화해보자. 꿈을 구체화하는데 있어서 가장 먼저 해야 할 일은 구체적으로 기록해 보는 것이다. 내가 갖고 싶은 것과 하고 싶은 일을 먼저 적어보고 그리고 훗날 자신이 어떤 사람이 되고 싶은지를 적어보라.

갖고 싶은 것(구체적 설명 / 비용 / 성취 기한)

1)

2)

3)

하고 싶은 일(구체적 설명 / 비용 / 성취 기한)

1)

2)

3)

되고 싶은 사람(구체적 설명 / 비용 / 성취 기한)

1)

2)

3)

꿈을 적는 것도 훈련이다. 우리 사회는 기성세대에게 꿈에 대해 물어보면 실례로 여기는 경향이 있다. 왠지 꿈이라고 하면 학창시절에나 존재하는 것 같고 성인이 된 이후에도 꿈을 추구하는 사람들을 보면 몽상가나 철없는 사람쯤으로 치부하는 경우가 있다. 그렇다면 꿈을 접고 현실에 안주해서 살아가는 사람이 철든 사람이란 말인가? 다시 한번 강조하지만 꿈을 가꾸는 일은 하나님께서 우리 인간에게만 허락하신 특별한 선물임을 잊지 말자. 꿈을 머릿속으로 생각만 하면 막연한 꿈이지만 기록을 하면 비로소 구체화된다. 그리고 그 기록한 꿈을 시각화해야 한다. 인간의 오감 중에 우리 뇌와 가장 가까이 위치하고 반복 노출되었을 때 뇌를 가장 잘 속일 수 있는 감각이 시각이다. 꿈을 시각화해서 가장 눈에 띄기 좋은 곳에 두고 자주 보면 시각화된 꿈은 '미래기억'으로 우리 뇌 속에 자리잡게 된다. 기억이란 원래 과거의 경험을 기반하는데, 다가올 미래를 이미지로 시각화하여 반복 노출함으로써 뇌 속에 자리잡게 하는 훈련이 미래 기억이다. 인터넷이 발달하지 않았던 시절에 꿈을 시각화하기 위해서는 서점과 헌책방 등을 전전하면서 관련 서적이나 잡지를 구해서 갖고 싶은 것, 하고 싶은 일 등을 찾아서 가위로 오려 다이어리나 드림 보드에 붙였었다. 이제는 원하는 대상을 인터넷에서 검색해서 프린터로 출력만 하면 되는 세상이니 마음만 먹는다면 누구든지 쉽게 자신의 꿈을 시각화할 수 있다. 출력한 꿈은 가장 잘 보이는 곳에 부착해야 한다. 집 안의 거실이나 사무실 입구에 일명 보물지도라고 하는 드림 보드(Dream Board)를 만들고 거기에 꿈들을 붙이는 것이 가장 일반적인 방법이다. 냉장고 문도 좋은 드림 보드가 될 수 있다. 냉장고 문에 납부해야 하는 고지서를 붙여 놓는다면 냉장고 문을 열 때마다 고지서를 보게 되고 꿈을 붙여 놓으면 꿈을 보게 된다. 둘 중에 어느 것이 우리의 미래 기억에 도움이 될까를 생각해 보면 답은 명확하다. 당신이 가장 갖고 싶은 것을 TV 화면에 붙여보라. TV를 보려면 당신은 자신의 꿈을 뜯어내어 버려야 한다. 스마트폰 초기화면을 꿈으로 장식하는 것은 시대에 걸맞은 시각화 방법 중 하나이다.

가장 구체화된 꿈은 금액으로 환산된 꿈이다. 갖고 싶은 차가 있으면 앞서 얘기한 것처럼 당연히 시각화를 해야 한다. 그런데 드림보드에 냉장고에 붙여놓은 그 차가 가격이 얼마인지, 제세공과금이 얼마인지, 보험료가 얼마인지, 연비와 주행거리를 감안해서 얼마 정도의 유지비가 드는지 등을 계산을 해보지 않았다면 아직 구체화되지 못한 막연한 꿈이다. 꿈은 계량화, 수치화 되어야만 구체화를 완성할 수 있다.

Chapter 11

목표 설정
(Goal Setting)

1. 카이로스 대 크로노스 (Kairos VS. Chronos)

시간(time)을 옥스포드(Oxford)사전에서 찾아보면 '과거로부터 현재와 미래로 이어지는 무한한 것'이라고 정의한다. 그런데 국어사전에서 시간(時間)을 찾아보면 대부분의 사전에서 글자 그대로 때 시, 사이 간 그러니까 '어떤 시각에서 어떤 시각까지의 사이'라고 정의하고 있다. 시간에 대한 정의에서 동서양의 시각 차이를 발견할 수 있다. 필자는 개인적으로 전자인 서양적 정의를 창조주 하나님의 시간, 절대자의 시간 그리고 후자인 동양적 정의를 우리 인간의 시간이라고 정의하고 싶다. 하나님의 시간은 무한한데 비해 우리 인간에게 허락하신 이 땅 위에서의 시간은 지극히 짧고 그나마 개인차까지 있기 때문이다.

시간을 정의하는 또 하나의 관점이 카이로스(Kairos)와 크로노스(Chronos)다.

크로노스는 연대기적으로 끝없이 흘러가는 시간을 의미하고 카이로스는 기회의 순간, 절호의 타이밍을 의미한다. 카이로스의 시간은 신학적으로는 하나님께서 우리 인간에게 허락하신 혹은 명령하신 시간이다. 마치 모세에게 이집트를 떠나라고 명하셨던 그때처럼.

무신론자일지라도 스스로의 결단으로 어떤 일에 의미를 부여하고 시작하게 된다면 그 특정 시각에 카이로스의 시간이 발동될 수 있다. 꿈을 꾸는 능력이 하나님이 우리 인간에게 주신 특별한 선물인 것처럼 흘러가는 시간에 점을 찍어서 의미를 부여하는 일 역시 우리 인간만이 할 수 있는 아주 특별한 능력이다. 시작하는 시각과 마칠 시각에 점을 미리 찍어서 나아갈 방향을 정하는 것을 우리는 목표설정이라고 한다.

2. 목표 = 꿈 + 기한

이 공식은 자기계발 서적이나 성공학 강의에 가장 많이 등장하는 단골 메뉴이다. 그래서 다소 식상해 보일 수도 있겠지만 절대로 피해 갈 수 없는 중요한 공식이다. 아무리 간절한 꿈이라고 해도 그 꿈을 언제까지 이루겠다고 하는 마감시한을 정하지 않으면 그런 꿈을 이루어질 수 없는 꿈, "꿈 깨라" 할 때의 꿈이라고 한다. 언젠가는 이루어지겠지 하는 막연한 생각은 우리를 현실에 안주하게 하고 이것이 우리의 발전을 가로막는 가장 큰 적이다. 안전지대에 머무르고 싶은 욕구는 누구에게나 있겠지만 그 안전지대를 박차고 나갔을 때만 우리는 성장과 발전을 기대할 수 있다. 꿈에다 데드라인을 정하면 목표가 되고, 목표를 설정하는 순간부터 목표 달성에 대한 스트레스가 생겨나게 되는데 아래에서 설명하는 스마트(SMART)한 목표설정으로 인해 발생하는 스트레스라면 우리를 발전시키는 긍정적인 그리고 꼭 필요한 스트레스다.

[SMART 한 목표 설정]

Specific   (구체적인)

Measurable   (측정 가능한)

Achievable   (달성 가능한)

Realistic   (현실적인)

Timely   (마감 시간이 있는)

목표 = 꿈 + 기한 이라는 공식을 다시 생각해보자. 돈 많이 버는걸 꿈이라고 하는 사람들이 있다. 돈 자체가 꿈이 될 수는 없다. 하지만 우리가 앞에서 구체화해 본 꿈들을 실현하기 위해서는, 자본주의 사회에서는 대부분의 꿈들은 돈이 있어야 이룰 수 있기에 꿈의 자리에 잠시 돈을 놓아보자. 그러면 공식은 이렇게 변한다.

목표 = 돈 + 기한

그리고 회원제직접판매 비즈니스에서는 일정 수준의 핀 레벨(Pin Level, 직급)에 도달하면 거기에 상응하는 지속적인 수입이 발생한다. 이렇게 삼단논법으로 회원제직접판매 비즈니스에서의 목표를 정의하면 다음과 같이 얘기할 수 있다.

목표 = 핀 + 기한

정리해서 얘기하자면 꿈을 이루기 위해서는 돈이 필요하고 그 돈을 벌기 위해서는 마케팅 플랜에 입각하여 일정한 핀을 성취해야 한다. 그러므로 회원제직접판매 사업을 통해 꿈을 이루기 위해서는 어떤 핀을 언제까지 이룰 것인가에 대한 구체적인 목표가 필요한 것이다. 그것에 대해 다음 장에서 자세히 알아 보기로 한다.

3. 단기 중기 장기 목표

흘러가는 시간에 점을 찍는 것이 목표설정이라고 했다. 시작 시점에 찍는 점은 결단이 될 것이고 마칠 지점을 미리 정해서 찍는 점이 기한이 될 것이다. 두 점을 연결한 직선이 사업의 진행 방향을 나타내는 그래프가 된다. 시작점 보다 종료 지점이 위에 있어야 우상향의 성장하는 그래프다. 목표를 설정할 때는 장기 목표, 중기 목표 그리고 단기 목표를 함께 세우는 것이 좋다. 각각의 기간을 어느 정도로 정할 것인가 하는 것은 멘토와의 상담을 통해 신중하게 결정해야 한다. 사업의 속도가 빠를수록 그래프의 기울기는 커질 것이고 속도가 더딜수록 경사가 완만한 그래프를 그리게 될 것이다.

하지만 속도보다 중요한 것은 방향이다. 우리 사업은 선착순이 아니라 완주의 게임이고 상대평가가 아니라 절대평가이기 때문에 다른 사람에 비해 상대적으로 속도가 더디다고 해서 포기할 이유는 없다. 사업의 원리를 제대로 이해하면 하지 않는 것보다 하는 것이 훨씬 낫다는 것을 알게 된다. 비록 완만한 기울기로 간다 하더라도 궁극에는 정상에 도달하는 성장하는 그래프를 그려가기 때문이다.

그렇지만 간과할 수 없는 또 한 가지가 있다. **리더의 속도가 팀의 속도**라는 사실이다. 속도보다 중요한 것이 방향성이지만 올바른 방향이 전제가 된 상황이라면 나와 함께하는 이들에게 좋은 본을 보이기 위해서라도 내가 할 수 있는 최선의 속도로 달려가야 한다. 내 팀 안에는 나보다 더 간절하고 더 절실한 사람이 있기 마련인데 그들에게 귀감이 될 만큼 최선을 다해야 한다. 왜냐하면 사람들은 본 만큼 따라 하기 때문이다. 그렇다면 어떤 속도가 가장 이상적인 속도일까? 혼자 있을 때 스스로에게 부끄럽지 않을 만큼의 속도가 이상적인 사업 속도다. 일반 영업 조직과 달리 우리 비즈니스는 스스로가 오너가 되는 사업이기 때문에 통제도 없고 강제성도 없다. 때문에 각자가 너무 다른 개인차를 나타내는 것도 사실이다. 말쑥하게 차려 입고 미팅장소에서 만나면 다들 열심히 사업하는 것처럼 보이지만 필드를 뛰는 모습은 각양각색이고 삶의 우선순위 역시 각자가 다 다르다. 자기가 얼마나 사업을 삶의 우선순위에 두고 집중하고 있는지는 자기 자신이 가장 잘 안다. 남에게 보이기 위한 사업이 아니라 스스로에게 부끄럽지 않은 만큼의 속도로 사업을 한다면 그 속도가 가장 이상적인 속도라 하겠다.

이 책의 초반부에 소개했던 대로 인생의 후반전을 미국 뉴욕에서 새롭게 시작하면서 서울보다 훨씬 비싼 생활 물가에 적지 않게 놀랐다. 대략적으로 계산을 해보니 월 평균 만불 정도의 수입은 되어야 생활하는데 불편함이 없겠다는 판단이 들었다. 그래서 단기 목표로 '1년 안에 월수입 만 불'을 정했다. 그리고 비즈니스 매뉴얼을 철저히 검토하고 시뮬레이션을 해서 계산을 해보니 어떤 핀 레벨에 도달해야 하는지가 확인이 되었다. 그리고 그 핀을 달성하기 위한 구체적인 월간의 계획과 주간의 계획을 세워서 실천을 했고 실제로 1년 만에 그 목표를 달성했다. 그것도 학업과 사업을 병행해서 말이다.

맨하탄에 위치한 시립대학교 Baruch College에서 Entrepreneur-ship(기업가정신)을 전공하면서 낮에는 학생으로 밤에는 사업가로 변신해서 기업가정신을 몸소 실천하며 사업을 키워서 1년 만에 뉴욕에서 생활하는데 큰 불편함이 없는 수입을 만들어 냈다. 그리고 3년 만에 아내를 직장에서 은퇴할 수 있도록 만들었다. 동시에 방 한 칸짜리 아파트에서 월세로 살던 삶을 마감하고 뉴저지에 작은 집을 사서 이사할 수 있었다. 그리고 많은 융자를 얻어서 구입한 첫 번째 집은 이제 더 이상 은행에 이자가 나가지 않는 순자산이 되어 매 달 적지 않은 월세를 받는 투자용 부동산이 되었다.

Chapter 12

목표를 미분(微分)하고
실행을 적분(積分)하라

1. 계획 = (목표)': 목표를 미분(微分)하면 계획

그 옛날 고등학교 시절 수학 시간에는 미분과 적분을 제대로 이해하지 못하고 공식만 외워서 대충 문제를 풀었던 것 같다. 뉴욕 시립대학교 3학년에 편입했는데 전공이 안트러프러너십(Entrepreneurship)이라 수학 과목이 필수였다. 취업이 목적이 아니어서 특별히 학점에 연연할 필요가 없었음에도 좋은 성적을 받고 싶은 마음에 열심히 공부했다. 백과사전만큼 두꺼운 수학책과 씨름하면서 예습을 미리 하고 수업 시간에 맨 앞자리에 앉아 적극적으로 참가했다. 고등학교 때도 제대로 이해 못한 미적분의 개념을 나이 마흔 다섯에 마침내 바로 알게 됐다. 만학도로서 깨달음의 즐거움을 맛볼 수 있었다. 필자가 문과적 성향이어서 수학이 어려웠던 것이 아니었다. 주입식 교육 탓이었다고 핑계 대고 싶다. 좋은 성적을 받아서 다음 학년에 아너 클래스 (Honor Class, 우등반)에 초청받고 학교로부터 저학년 수학 튜터링(Tutoring, 과외지도) 제안을 받았다. 사업 일정이 바빠져서 실행은 못했지만 누군가로부터 인정 받는다는 것은 항상 기분 좋은 일이다.

수학에서 미분은 잘게 쪼갠다는 의미이다. 입체를 미분하면 면이 되고 면을 미분하면 선이 되고 선을 미분하면 점이 된다. 꿈에다 기간을 더하면 목표가 되고 목표를 미분(微分) 하면 계획이 된다. 월간의 계획을 미분해서 주간일정으로, 다시 주간일정을 쪼개어 일간의 계획으로, 하루를 다시 시간대 별로 미분해서 비즈니스 일정표를 채워 나 가는 일이 목표를 달성하고 꿈을 실현하는데 있어서 가장 중요하고 기본이 되는 과정이다.

2. 구체적인 행동 계획 수립 – 주간 일정표

구체적인 행동 계획을 수립하기 위한 주간 일정표를 시간대별로 작성하는 요령은 다음과 같다. 대부분의 사람들처럼 만약 당신이 부업으로 사업을 하고 있다면 우선 본업과 관련된 일정을 미리 표시한다. 가령 월요일부터 금요일까지, 아침 9시부터 저녁 6시까지 직장에 매여있는 몸이라면 그만큼의 칸은 빗금이나 굵은 테두리 선으로 미리 표시를 한다. 하지만 그중에서도 점심시간은 개인 시간이므로 빈칸으로 남겨둔다. 점심시간을 비즈니스를 위한 식사 약속으로 활용하거나 비즈니스 미팅 약속을 잡기 위한 전화 걸기의 시간으로 활용할 수 있다. 직장생활과 사업을 병행했던 시절을 회고해 보면 점심시간에 매일 5통의 전화 거는 일을 주간 일정표에 작성해서 실천을 했었고 그것이 사업 성장에 중요한 역할을 했다. 결국 비즈니스는 만남을 통해 성장하는 데 만남을 위한 첫 단추가 전화 통화이기 때문이다. 주간 일정표에서 본업 부분을 표시한 다음 두 번째로 해야 할 일은 정기적으로 진행되는 비즈니스 미팅을 표시하는 것이다. 교육 센터에서 진행되는 미팅과 집에서 진행되는 홈미팅 등 주간 단위로 진행되는 미팅은 정해진 요일에 반복적으로 진행이 되는데 사업에서 최우선 순위에 놓고 참석해야 한다. 미팅에 참석하지 않고 사업을 하는 것은 자동차가 연료를 주입하지 않고 계속 달리는 것과 같고 휴대전화를 충전하지 않고 계속 쓰는 것과 같다. 미팅을 최우선 순위에 놓는다는 의미는 다른 어떤 스케줄과도 겹쳤을 때 미팅이 후순위로 밀리면 안 된다는 뜻이다. 따라서 확정된 미팅을 주간 일정표에 입력하는 것이 아주 중요하다고 하겠다. 이제 남아있는 빈칸들은 비즈니스 일정으로 채운다. 비즈니스 일정이라 함은 결국 만남의 약속이다. 점심시간을 통해 하루 다섯 통의 전화를 걸면 나머지 빈칸들을 채우는 일은 너무 쉽다. 만남이 이루어지면 사업은 성장하게 된다. 초기에 부업으로 사업하던 시절 가졌던 원칙은 '매일 한 명을 만나지 않으면 집에 들어가지 않는다.'였다. 그렇게 자신에게 엄격하게 굴면서 하루에 최소 한 사람 이상을 만나려고 노력했더니 4년 반 만에 더 이상 직장을 다니지 않아도 되는 만큼 사업이 성장했다. 하지만 돌이켜 생각해 보면 좀 더 빈칸을 잘게 쪼개어 더 많은 일정들을 채워나갔더라면 투잡(Two Job)의 기간을 단축시킬 수 있지 않았을까 하는 반성을 하게 된다. 목표를 미분할 때 더 잘게 쪼갤수록 성공을 향해 가는 기간이 더 단축된다. 세상은 두 종류의 사람으로 나뉜다. 행동하는 사람과 그 밖의 사람으로. '안다'와 '한다'는 자음 하나 차이지만 그 의미는 그야말로 하늘과 땅만큼의 차이다. 꿈만 꾸는 몽상가 보다는 행동하는 실천가가 되어야 성공할 수 있다. 목표를 미분해서 완성한 주간 일정표는 행동하는 사업가에게는 최고의 비서이다. 우리는 최고의 비서가 짜준 스케줄 그대로 실행만 하면 된다. 행동력을 극대화하는 최선의 방법은 고민을 하지 않는 것이다. 다시 말하면 '할까 말까' 하는 생각을 하지 않는 것이다. 그냥 계획표 대로 실행한다고 결단하고 그냥 실천한다. 일이라는 것이 할까 말까 고민할 때가 힘든 것이지 막상 실행하면 별것도 아닌 경우를 많이 경험하게 되는데 우리 비즈니스도 그렇다. 그래서 필자는 '할까 말까 고민되면 그냥 한다.'는 원칙을 가지고 있다. 만약 해도 후회하고, 안 해도 후회하는 상황이 있다면 일단 하고 후회하는 쪽을 선택할 것이다. 하지만 대부분의 경우 하고 나면 잘했다고 생각될 때가 훨씬 많다. 일정표를 작성하고 실행에 옮김에 있어서 **효율성을 극대화하기 위해서는 삶을 최대한 단순화 시킬 필요가 있다.** 일정표의 빈칸을 채울 때 비즈니스 외적인 일정이 자리잡는 것을 지양해야 한다. 회원제직접판매 사업은 자본 대신 시간을 투자하는 사업이다. 동일한 집중력을 발휘한다면 결국 누가 시간을 많이 투자하느냐에 따라서 사업의 속도가 결정이 되기 때문에 취미생활 등과 같은 사업 외적인 일들에 시간을 낭비하지 않도록 해야 한다. PC의 속도가 느려지면 바이러스 체크도 하고 하드디스크의 조각 모음도 하면서 시스템을 최적화 시키듯 우리 비즈니스도 최적화된 시스템을 갖춰나가는 것이 필요하다. 그런 의미에서 **선택과 포기는 동의어**다. 내가 무언가를 선택한다는 것은 다른 무언가를 포기한다는 것을 의미한다. 양 손에 가득 뭔가를 들고 있으면서 새로운 것을 잡을 수는 없다. 무엇을 내려놓고 무엇을 붙잡을 것인지를 잘 선택하는 것이 제한된 시간 속에서 살아가는 우리 인간들에게 꼭 필요한 삶의 지혜이다. 특히 자본 대신 시간을 투자하는 사업을 하는 회원제직접판매 사업가들에게 있어서 비즈니스 최적화 시스템을 갖추는 것이 생산성 향상과 효율성 극대화를 위해 반드시 필요하다고 하겠다.

3. 실행을 적분(積分)하라

∫ (Action) = Success : 실행을 적분(積分)하면 성공

미분의 반대가 적분이다. 적분이란 쌓아간다는 의미이다. 점을 적분하면 선이 되고 선을 적분하면 면이 되고 면을 적분하면 입체가 된다. 주간 일정표 대로 한 주간을 실행을 하고 주말을 맞이하면 뭔가를 해냈다는 뿌듯함을 느낄 것이다. 이 뿌듯함은 자기 자신과의 싸움에서 이겼기 때문에 느끼는 특별한 성취감이다. 우리 인간의 내면에는 현실에 안주하고자 하는 나와 변화를 통해 성장하고자 하는 내가 항상 공존하면서 서로 싸운다. 매번 이 선택의 순간에서 변화를 통해 성장하고자 하는 내가 이겨나갈 때 나는 내 삶의 목표에 한 걸음 한 걸음 다가가게 되는 것이다. 그러한 삶이 진정한 위너(Winner)의 삶이다. 일정표 대로 전날 밤에 미리 맞춰놓은 알람 시각에 아침 일찍 눈을 뜨면 '조금만 더 자자'고 유혹하는 나와 '침대를 박차고 일어나라'고 하는 내가 싸운다. 그 싸움에서 일어나라고 하는 내가 이기면 오늘 아침 기상 시각은 내가 위너가 된 것이다. 이렇게 시간대별로 쪼개고 쪼갠 일정들 하나하나 실천해서 한 주를 보내면 내 인생에서 한 주간의 삶이 위너가 되는 것이다. 한 주를 온전히 계획표 대로 실천해서 위너로 살았다고 해서 당장 큰 성공을 거둘 수 있는 것은 아니다. 하지만 1년을 쌓고 10년을 쌓으면 커다란 변화와 성취를 경험하게 된다. 이것이 바로 '실행을 적분한다'의 의미이다. 실행을 적분하면 반드시 성공한다. 특히 회원제직접판매 사업에서는 적분의 효과가 배수의 법칙으로 나타나게 된다. **'목표를 미분하고 실행을 적분하라'**는 이 간단한 성공 공식을 한 사람 한 사람이 따라서 하게 되면 배수의 법칙, 나아가서 제곱의 법칙이 적용되어서 산술적인 증가가 아니라 기하급수적인 비즈니스의 성장을 경험하게 된다. 왜 한 분야에서 성공해 본 사람들이 다른 분야에서도 성공하는 걸까? 이유는 간단하다. 성공하는 사람들은 위에서 언급한 성공 공식을 알기 때문이다. 그릿(GRIT)이라고 하는 열정적 끈기 혹은 지속적 열정을 가지고 실행을 적분해 가면 반드시 성공할 수 있다는 것을 경험으로 알고 있기 때문에 새로운 일을 도전함에 있어서도 과거의 경험이 위너 이펙트(Winner Effect; 승자 효과)로 작용하게 된다. 절대 첫 술에 배부를 수 없다. 가랑비에 옷 젖듯이 꾸준하게 반복하다 보면 어느새 티끌을 모아서 태산을 만드는 자신을 발견하게 될 것이다.

4. 만족지연(Delayed Gratification)

펑션(Function)이라고 하는 비즈니스 컨퍼런스(Conference)는 3개월에 한 번씩 개최된다. 한국에서는 보통 당일 반나절로 끝나는 행사인데 미국에서는 2박 3일의 일정으로 진행하는 큰 이벤트이다. 아마도 영토가 넓은 탓에 다 함께 한자리에 모이기가 쉽지 않아서 여러 가지 효율성을 고려해서 정해진 프로그램일 것이다. 장거리 운전을 해서 오는 사람도 있고 비행기를 타고 오는 사람도 있다. 심지어 인근 국가에 거주하는 사람들은 행사 때마다 비싼 단수 비자를 발급 받아서 국제선을 타고 오기도 한다. 원근 각처에서 도착한 1인 기업가들은 행사장 인근 호텔에 이틀을 숙박하면서 금요일 저녁부터 일요일 늦은 오후까지 지식과 열정을 가득 채우고 다시 만날 때까지 필요한 3개월의 에너지를 충전해서 돌아간다. 행사의 강사진은 성공적인 경험치를 가지고 있는 다이아몬드 이상의 사업가들이 대부분이다.

행사 한 달 전에 이미 프로그램이 정해지고 테마가 정해진다. 그리고 강사들에게는 테마에 맞게 강의 주제가 주어진다. 한 컨퍼런스에서 '**만족지연**(Delayed Gratification)'이라는 주제가 필자에게 주어졌다. '만족지연' 하면 자동으로 떠오르는 책이 호아킴 데 포사다와 엘렌 싱어가 공저한 <마시멜로 이야기>다. 스탠퍼드 대학교 연구진들이 4세 아이들을 대상으로 한 실험 얘기는 이제 웬만한 사람들은 다 아는 상식이다. 4세 어린이들에게 마시멜로 과자를 하나씩 주면서 조건을 건다. 15분 동안 안 먹고 참는 아이에게 과자 하나를 더 주겠다고 했을 때 1/3의 아이들은 15분을 참지 못하고 과자를 먹고 나머지 아이들은 참아내서 보상을 받는다. 실험에 참가한 아이들을 14년 동안 추적 관찰해서 나온 결과, 유혹을 참은 아이들이 사회성이 뛰어난 청소년이 되어 있었고 그렇지 못한 아이들은 사소한 일에도 쉽게 포기하고 화를 내는 청소년으로 생활하고 있었다. 이 실험을 근거로 스탠퍼드대 연구진들은 인내심이 좋은 아이들이 성장 가능성이 높을 수 있다는 결과를 내놓았다.

만족지연의 영어 표현은 Delayed Gratification(**지연된 만족**)이다. 그리고 반대말은 **즉각적 만족**(Instant Gratification)이다. 너무나 당연하게도 즉각적 만족만 추구하고 사는 인생이 성공적일 수는 없다. 당장의 즐거움과 욕구를 충족시키고 사는 삶이라면 본능대로 살아가는 다른 동물들과 별반 다를 것도 없다. 그렇게 생각하면 보다 나은 미래를 위해 참고 인내하는 능력 역시 하나님께서 우리 인간에게만 주신 특별한 선물이 아닐까?

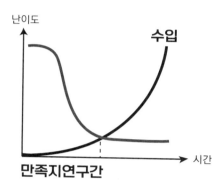

만족지연 **Delayed Gratification**

마시멜로 이야기의 교훈은 성공을 위해서는 당장 하고 싶은 일을 참고 인내하면서 목표를 달성하고 그런 다음에 원래 하고 싶었던 일을 하라는 것이다. 이 교훈을 회원제직접판매 사업을 통해 성공을 꿈꾸는 안트러프러너들에게 적용해 보자. 수평의 직선을 X축 수직의 직선을 Y축으로 하는 수직선을 그려보자. X축은 시간, Y축은 난이도인 그래프다. 회원제직접판매 사업은 처음 시작할 때는 새로운 도전이라 당연히 배워야 할 것도 많고 안 해본 일이라 익숙하지 않아서 어렵다. 하지만 시간이 가면 갈수록 급격히 쉬워지는 사업이다. 그래프로 그려보면 좌측 상단에서 우측 하단으로 역포물선을 그리며 내려오는 우하향 곡선이 된다. 또 하나의 그래프를 그려보자. 이번에는 X축은 시간, Y축은 수입을 나타내는 수직선이다. 회원제직접판매 사업에 입문해서 초기에 벌 수 있는 수입은 일반적인 노동수입과 비교할 때 상대적으로 적기 마련이다. 하지만 복제의 원리를 통해 시간이 갈수록 기하급수적인 성장을 만들어낼 수 있다. 그래프로 표현하면 좌측 하단에서 우측 상단으로 포물선을 그리며 올라가는 우상향의 곡선이 된다. 이제 이 두 그래프를 합쳐보자. 두 곡선이 만나는 지점이 있다. 그 지점이 바로 만족지연의 기준점이다. 그리고 그 기준점 좌측 구간이 노력보다 수입이 적다고 느껴지는 구간, 우리가 만족지연을 감내해야 하는 구간이다.

여기서 한 발짝 더 들어가 보자. 성취의 순간까지 인내하면서 사는 만족지연 구간에서의 매일매일의 삶이 행복할 수 있을까? 노골적으로 표현하면 미래의 간절한 꿈을 연료로 현재를 버티는 형태의 삶이 아닌가? 미래에 진짜 하고 싶은 일을 하고 싶은 사람과 함께 하고 싶은 만큼 할 수 있는 자유를 얻기 위해 현재 하기 싫은 일을 참고 한다. 이런 느낌으로 다가올 수 있다. 그런데 생기는 의문이 있다. 필자는 왜 매일매일이 행복으로 가득할까? 이미 다이아몬드가 되어서 그런가? 그 전에는 행복하지 않았나? 돌이켜보면 경제적으로 어려웠던 사업 초기에도 늘 사업이 즐거웠다. 왜 그럴 수 있었고 그 비결이 무엇일까? 컨퍼런스 무대에서 필자는 앞서 설명한 우리 사업에 있어서의 만족지연과 관련한 내용을 얘기하고 이어서 이렇게 스피치를 이어갔다.

"Delayed Gratification(지연만족) 구간에서 우리가 하는 모든 사업 활동이 내 삶의 수단이 아니라 목적이 된다면, 사람들이 더 나은 삶을 살 수 있도록 돕는 일이 내게 주어진 사명이 된다면, 단순한 경제활동으로서의 일이 아니라 내 삶이 되고 행복이 된다면 더 이상 그 구간은 Delayed Gratification 구간이 아니라 Instant Gratification(즉각적 만족) 구간입니다. 지금 이 순간 이 자리에 계신 모든 사업가가 각자의 현재 성취도와 상관없이 즉각적 만족과 즉각적 행복을 추구할 수 있습니다."

스피치를 마치고 백 스테이지의 VIP석으로 들어오는데 많은 선배 사업가들이 뜨겁게 포옹하고 악수를 청했다. 그 중 상당수가 40년 이상 사업을 해오신 선배들이다. 어떤 할머니 사업가는 Delayed Gratification을 이렇게 설명하는 것은 처음 들었다면서 눈물을 글썽이면서 감사를 표했다.

Chapter 13
새로운 비전

1. 가치 있는 꿈의 점진적인 실현

"성공이 뭐라고 생각하세요?" 라는 질문에 명쾌하게 답할 수 있는 사람이 얼마나 될까? 대답을 못 하는 사람도 상당수가 있고 "돈을 많이 버는 것." 이라고 대답하는 사람도 의외로 많다. 우리 사업에서는 성공을 다음과 같이 정의한다. **"성공은 가치 있는 꿈의 점진적인 실현이다."** (Success is the progressive realization of a worthwhile dream.) 여기서 수식어구들을 제외하고 단순화하면 '성공은 꿈의 실현이다.' 가 된다. 성공을 논하기 위해서 전제되어야 할 것이 꿈의 유무이다. 반드시 꿈이 있어야 성공할 수 있다는 것이다. 비록 현실에서 이루어지지 않은 것이지만 미래의 일정시점에 이루고 싶은 것이 꿈이고 그 꿈을 실현시켜나가는 것을 성공이라고 정의했다. 자 이번에는 수식 어구들을 살펴보자. 꿈을 이루는 것이 성공인데 그 꿈은 가치 있는 꿈이어야 한다는 것이다. 그렇다면 어떤 꿈이 가치 있는 꿈일까? 필자가 생각하는 가치 있는 꿈은 우선 사회적, 도덕적으로 가치가 있는 꿈이어야 한다. 사회적 공익에 반(反) 하고 우리 사회에 해악을 끼치는 꿈을 가져서는 안 된다는 의미이다. 그리고 가치 있는 꿈은 나의 성취가 다른 사람들에게 긍정적인 영향력을 줄 수 있는 꿈이다. 손흥민 선수의 성공을 보고 오늘날 많은 어린이들이 축구 꿈나무가 되고 김연아 선수의 성공에 긍정적인 영향을 받은 수많은 어린이들이 제2의 김연아를 꿈꾸고 피겨 여왕의 꿈을 키워간다. 이런 꿈들이 가치 있는 꿈이다. 그런데 이런 가치 있는 꿈들은 단기간에 쉽게 이루어지지 않는다. "아무런 노력도 안 했는데 어느 날 자고 일어났더니 성공해 있더라." 이런 말을 들어본 적이 있는가? 가치 있는 꿈은 오랜 기간에 걸쳐 점진적으로 실현된다. 점진적이라는 말의 의미는 결코 멈추지 않는 것이다. 세상에 어떤 성공도 중간에 그만두면 이루어지지 않는다. 그 어떤 분야에서든 성공적인 결과를 만들어낸 사람들의 공통점은 끝까지 포기하지 않았다는 것이다. 그런 의미에서 본다면 성공의 반대말은 실패가 아니라 포기다. 올바른 방향으로 가고 있으니 포기하지 않으면 성공 한다는 믿음과, 시간이 다소 걸릴지는 모르지만 결국은 성공할 수 있다는 확신을 가져야 한다. 지난 이십팔 년간 사업을 해오면서 크고 작은 난관에 부딪혀 왔지만 포기해야겠다는 생각은 하지 않았다. 빨리 성공할 자신이 있어서가 아니다. 포기하지 않는다면 시간이 걸리더라도 틀림없이 성공할 수 있다는 확신이 있었기 때문이다. 비즈니스의 세계에서도 순발력은 다소 떨어져도 지구력이 좋은 사람이 있다. 빨리 성공할 자신은 없지만 어떤 대가를 지불하더라도 끝까지 해내겠다는 자신과 각오가 있는 사람이라면 회원제직접판매 사업에 도전할 것을 적극 추천한다.

2. 절호의 기회

통신수단의 발달은 우리 사업 성장에 직접적이고 결정적인 영향을 끼쳐왔다. 필자가 처음 사업을 시작했던 28년 전의 주된 통신수단은 흔히 '삐삐'라고 불리는 무선호출기였다. 핸드폰이 대중화 되기 전이어서 경제적으로 여유 있는 소수의 사람들은 벽돌만한 크기의 모토로라 휴대전화를 가지고 있었고 대부분의 사람들은 무선호출을 받으면 인근 공중전화로 달려가서 호출기에 찍힌 번호로 전화를 하거나 저장된 음성을 확인하는 방식으로 소통했다. 무선호출기의 찍히는 단골 숫자는 8282 였다. 말 그대로 '빨리빨리'다. 고객으로부터 호출을 받아 공중전화를 찾아가면 하필 줄이 길게 서 있거나 줄이 짧아도 운이 없으면 앞 사람이 연인과 긴 통화를 하는 것을 하염없이 기다려야 했다. 날씨라도 궂으면 더 낭패다.

공중전화 근처에서 무선통신이 가능한 시티폰이 잠시 등장했다가 마침내 PCS폰이 나오면서 핸드폰이 대중화 되기 시작했다. 드디어 이동 중에도 편하게 소통이 가능한 시대가 된 것이다. 그 옛날 유선 전화기 밖에 없던 시절에 사업을 했던 선배 사업가들의 스피치를 들어보면 팩스(Fax)가 처음 나왔을 때 너무 너무 감사하고 행복했다고 했다. 편지로 보내면 몇 일씩 걸릴 내용들을 실시간으로 보내고 받을 수 있어서 팩스 덕분에 사업의 속도가 훨씬 빨라졌다고 했다. 그 시절 선배들에 비하면 삐삐 들고 뛰던 시절은 아무것도 아니다.

1999년 9월에 미국에서, 같은 해 11월에 한국에서 본격적인 온라인 비즈니스가 시작되었다. 회사에서 제공하는 온라인 쇼핑몰을 통해 사업가들과 소비자들이 각자 직접 제품을 구입할 수 있는 시대가 도래한 것이다. 사업가들은 재고의 부담 없이 사업을 할 수 있게 되었고 소비자도 제품을 제공하는 사업가와 서로 일정을 맞춰서 만나야 하는 부담감 없이 필요한 제품을 직접 주문해서 배송 받을 수 있게 된 것이다. 실제로 이 시기에 회원제직접판매 사업은 비약적인 성장을 하였다.

혁신의 아이콘인 애플의 아이폰이 등장한 2007년 이후 본격적으로 스마트폰 시장이 열리면서 우리의 사업 환경은 한 단계 더 성장했다. PC나 노트북의 기능이 전화기 속으로 들어옴으로써 손바닥 안의 사무실 역할을 하게 된 것이다. 이는 실로 획기적인 일이 아닐 수 없다. 이 사업이 추구하는 바가 점포 없이 사무실 없이 직원 없이 1인 기업으로 자유롭게 사업을 하는 것인데 그 환경이 실제로 구현된 것이다. 2000년대 이전을 오프라인 기반의 사업이라고 하고 2000년대부터 온라인 기반의 사업이라고 한다면 2010년대부터 스마트폰 기반의 **스마**

트 비즈니스 시대가 도래한 것이라고 할 수 있다.

인터넷 환경의 발전은 비즈니스 성장의 핵심인 교육적 측면에서도 크게 영향을 끼쳤다. 회사가 제공하는 사이트는 회원제로 운영이 되는데 제품의 구매 뿐 아니라 사업과 관련한 각종 콘텐츠를 제공하고 있기 때문에 누구든지 관심이 있는 사람이면 접속해서 본인이 원하는 정보를 습득하고 스스로 학습할 수 있는 환경이 조성된 것이다. 오프라인에서만 사업이 진행되었던 2000년도 이전에는 사업을 전달해 준 후원자의 안내를 받지 못하면 제품이나 사업 관련 정보를 습득하는데 많은 제약이 있었다. 하지만 이제는 배움에 있어서의 제약은 완전히 없어졌다고 할 수 있다.

팬데믹 이후에 비대면 미팅을 위한 각종 온라인 커뮤니케이션 서비스들이 등장하고 대중화됨으로써 우리 사업은 또 한번 도약의 기회를 맞이했다. 실제로 대면활동이 통제되던 시기에는 우리 사업 뿐 아니라 교회 등의 종교 단체에서도 비대면으로 행사를 진행해야 했고 이로 인해 거의 전 연령층에서 비대면 미팅과 관련해서 대중화가 진행되었다. 아무리 좋은 소프트웨어가 있어도 대중이 따라오지 않으면 무용지물인데 팬데믹으로 인해 거의 강제적으로 온라인 커뮤니케이션 환경으로 진입하게 되어 대중화가 이루어졌으니 어쩌면 이 시기가 사업 성장에 있어서 다시 오기 힘든 절호의 기회가 아닐까 싶다.

지금까지 필자가 28년간 경험해온 사업환경의 변화에 대해 간략하게 소개했다. 사업 환경이 점점 좋아져 왔다는 것은 과거에 비해서 동일한 노력을 했을 때 사업적인 결과가 훨씬 많이 나온다는 것을 의미한다. 기업도 유기체이고 사업도 유기체다. 성장을 위해 끊임없이 진화한다. 그 과정에서 도태되는 기업이나 사업가도 있다. 오랜 세월 속에서 이미 검증된 회사와 검증된 교육시스템을 갖춘 팀에서 올바른 방법으로 사업을 한다면 반드시 성공적인 결과를 만들 수 있는 사업이 회원제직접판매 사업이다.

이 책을 읽는 독자 중에도 지나온 세월 속에서 한 두 번쯤은 회원제 직접판매 사업을 권유 받거나 해 본 경험이 있는 분들이 있을 것이다. 과거에 본인이 경험했던 사업 환경과 지금의 환경은 하늘과 땅 차이일 수 있다. 과거의 경험으로 현재를 미리 예단하지 말고 다시 한 번 진지하게 검토해보시기를 권유한다. 그리고 기왕에 하기로 맘을 먹은 분이라면 바로 지금 결단하고 도전하시기를 당부한다.

3. 글로벌 시티즌(Global Citizen, 세계 시민)

십 일년 전에 미국에서 새로 사업을 시작할 때 필자의 모토는 **American Dream, American Way** 이었다. 그리고 미국에서 다시 다이아몬드를 성취함으로써 그 꿈을 이뤘다고 감히 얘기할 수 있다. 사업의 베이스 캠프를 한국에서 미국으로 옮기고 크고 작은 시행착오도 있었지만 잘 적응해서 좋은 결과를 만들었고 더 풍성한 결실을 위해 지금도 쉼 없이 전진하고 있다. 미국에서 사업하면서 한국과 비교했을 때 더 좋은 점을 한 가지만 꼽으라면 사업을 글로벌로 확장할 기회가 더 많다는 것이다. 미국은 어차피 이민자의 나라다. 사업을 확장하는 과정에서 다양한 국적의 사람들을 후원하게 되고 그 사람들이 사업을 자신들의 나라로 확장하는 과정에서 자연스럽게 글로벌 사업이 전개된다.

글로벌 비즈니스에 대한 로망은 사업 초기부터 가지고 있었고 사업이 성장하면서 실질적인 국제사업을 펼쳐나갔다. 필자와 함께 하는 회사가 1990년대 후반 필리핀에서 사업을 개시했을 때 그리고 2000년대 중반 베트남에서 사업을 개시했을 때 많은 글로벌 리더들이 신규 시장을 선점하기 위해 현지를 방문했고 심지어 현지에 상주하면서 사업하는 사업가들도 있었다. 필리핀 사업의 경우 필자는 당시 한국에 나와있는 필리핀 사람들을 후원해서 그 분들의 지인을 소개 받아 필리핀 시장을 공략했었다. 베트남에는 아는 사람이 없어서 무작정 호치민까지 날아가서 해병전우회를 찾아가기도 했었다. 글로벌 비즈니스를 향한 노력이 결실을 맺었던 시장은 뉴질랜드였다. 뉴질랜드 동포 사업가분들과 연결이 되어서 정기적으로 방문하면서 사업을 꾸준히 성장시켜서 성공적인 결실을 맺은 결과 수석다이아몬드를 성취할 수 있었다. 국내 사업도 바빴던 시기라 보통 한번 방문하면 1 주일

정도 머물렀었는데 1주일 내도록 크고 작은 미팅을 수 없이 진행하고 한국으로 돌아올 때 쯤이면 목은 잠겨서 소리가 안 나올 정도가 되고 몸은 완전히 파김치가 되어서 비행기를 타면 기내식도 안 먹고 인천 공항 도착할 때까지 잠만 자야 할 정도였다.

　팬데믹으로 인해 온라인 비즈니스 환경이 글로벌로 구축되었다. 그 덕분에 이제는 더 이상 옛날에 했던 수고를 하지 않고도 글로벌 사업을 진행할 수 있게 되었다. 간단히 설명하자면, 외국에 거주하는 새로운 사람을 소개 받으면 줌과 같은 온라인 커뮤니케이션 프로그램을 통해 만나서 직접 사업설명을 하고 관심을 보이면 현지의 교육시스템에 조인시키는 방식이다. 그런 과정을 거쳐서 사업을 결단하는 사업가와는 현지 시간에 맞춰서 매주 줌으로 미팅을 진행한다. 처음에는 상담의 형태로 진행하다가 그룹이 성장하면 형식을 갖춰서 미국 내에서 원격으로 미팅하는 방식과 같은 방식으로 미팅을 진행한다. 글로벌 비즈니스는 여건상 소비자를 관리하는 방식 보다는 리더를 양성하는 사업가 중심의 비즈니스로 진행할 수 밖에 없다. 사업가를 양성하는 가장 효과적인 방법은 역시 미팅이다. 미국 동부에 살면서 미국 본토에서만 3시간의 시차와 4시간의 시간대가 있어서 시차에 대한 훈련은 잘 되어있다. 덕분에 언제 어느 나라에서 사업을 하겠다는 사람이 나와도 현지 시간에 맞춰서 사업을 펼칠 준비가 되어있고 이미 십여 개 국가에서 사업을 진행하고 있다. 그 중 중남미와 같은 언어가 통하지 않는 일부 국가는 현지 시스템에 100퍼센트 의지하고 있고 영어나 한국어로 소통이 가능한 국가는 직접 매주 미팅을 진행하고 있다.

　글로벌 비즈니스를 진행하면서 나름 구상하는 꿈이 있다. 북반구에서는 미국과 한국 남반구에서는 호주와 뉴질랜드 이렇게 트라이앵글로 사업의 축을 굳게 세워서 글로벌 시티즌으로 살고 싶다. 1년 중 2/3는 미국에서 살면서 북미지역의 사업에 주력하고 나머지 1/3은 한국에서 3개월, 남반구 국가에서 한 달을 살면서 사업을 확장할 계획이다. 남반구는 계절이 반대라 북반구가 추울 때 가면 추위를 피할 수 있고 여름에 가면 피서 가는 셈이 된다. 이미 일상과 사업이 구분이 없는 자유의 삶을 살고 있기에 수 년 내에 이루어질 꿈이다. 지금과 같은 열정과 에너지로 평생 글로벌 사업을 펼치고 창업자 가족처럼 몇 대에 걸쳐서 사업을 확장시켜 간다면 백범 김구 선생님이 꿈꾸셨던 사해동포주의를 이 사업을 통해 우리가 구현할 수 있으리라 믿는다.

5
PART

서민을 위한 나라는 없다
(No Country for Ordinary Men)

Chapter 14

마이너리티 리포트 :
어차피 돈은 소수가 번다.

　2002년에 개봉한 탐 크루즈 주연의 SF영화 <마이너리티 리포트>
와는 전혀 상관없는 현실 속 마이너리티(Minority) 리포트를 얘기 하고
싶다. 한국에서 태어나서 2024년 현재 미국 땅에서 살고 있는 필자는
미국이라는 나라에서 볼 때 마이너리티다. 미국에서 살고 있는 한국
사람의 인구가 전체 미국 전체 인구의 1퍼센트가 되지 않으니 수적으
로 보면 확실한 마이너리티라 하겠다. 미국 사회에서 인종차별은 큰
이슈이다. **Black lives matter.(흑인의 목숨도 소중하다)** 라는 표어는 흑인
인권운동의 대표적인 슬로건이다. 하지만 그나마 그들은 맞서 싸우고
권리를 주장할 힘이라도 있지만 실질적으로 미국 사회에서 가장 많은
인종차별을 당하면서도 제대로 맞서지 못하는 사람들은 한국인을 포
함한 아시아인들이다. 팬데믹 초기 실내 모임이 통제되던 시절에 아
시안을 대상으로 하는 중오범죄가 넘쳐났다. 개인을 대상으로 한

범죄 뿐 아니다. 아시아 사람들이 운영하는 자영업 매장을 대상으로 한 떼강도 사건은 또 얼마나 많았던가? 당시에 뉴욕에 거주하고 있었는데 도보로 외출을 하거나 공원을 산책할 때 지나가는 모든 사람들을 경계하는 자신을 발견하고 놀란 적이 있다. 상대가 백인이든 흑인이든 히스페닉이든 누구든 나를 공격할 수 있다는 불안한 마음에 긴장감을 가지고 사주경계를 했었던 시절이 있었다. 그렇다. 미국에서 살고 있는 한국 사람들은 확실한 마이너리티다. 앞으로 몇 백 년이 흘러도 이 사실은 변하지 않을 것이다. 그리고 마이너리티로서 필자가 쓰고 있는 이 글이 바로 현실 속 마이너리티 리포트다.

회원제직접판매 사업을 처음 시작하면 정도의 차이는 있지만 누구나 약간의 조급한 마음은 생기기 마련이다. 마케팅 원리상으로 배수의 법칙 혹은 제곱의 법칙이 적용되기 때문에 내가 빨리 알리지 않으면 내가 아는 사람들이 다른 누군가에 의해 사업을 권유 받게 되어서 시장이 금방 포화가 될 것 같은 느낌이 들게 된다. 하지만 실제로 사업을 해보면 누구나 사업을 받아들이는 것이 아니고 하다가 중간에 포기하는 사람도 많기 때문에 결국 사업을 지속적으로 진행하는 사람은 소수의 사람들이란 사실을 알게 된다. 미국 내 한인 커뮤니티만 놓고 보더라도 소수의 사람들이 이 사업을 하고 있다. 그렇게 생각해 보면 필자를 포함한 이 사업을 함께 하는 사람들은 **마이너리티 중에서도 마이너리티**(Minority of the Minority)인 셈이다. 이 명칭은 미국 원주민(Native Americans)에 대한 별칭이기도 하지만 오늘 날 우리의 입장에

딱 맞는 말이 아닌가 싶다. 하지만 실질적인 의미는 정반대다. 원래 북미 대륙의 주인인 아메리칸 인디언은 마이너리티 중 마이너리티로서 인디언 보호구역 안에서 살아가고 있지만 회원제직접판매 사업을 하고 있는 우리는 회사의 제품을 독점적으로 취급함으로써 부를 창출하고 있기 때문이다.

따지고 보면 자본주의 시장의 원리가 다 마찬가지다. 어느 분야나 소수가 돈을 번다. 어느 업종을 막론하고 돈은 절대다수가 아닌 소수의 사람들이 벌기 마련이다. 그것이 부익부 빈익빈의 자본주의의 속성이다. 지구상 어느 나라를 가봐도 이 사업을 하는 사람의 숫자 보다 하지 않는 사람의 숫자가 훨씬 많았다. 지난 65년 넘는 세월 동안 그랬고 앞으로도 마찬가지 일 것이다. 다시 말하면 이 사업을 선택하는 순간 우리는 적어도 수적으로는 영원한 마이너리티다. 그것이 바로 우리 사업의 매력이다. 세상 사람들이 다 좋아하고 너도 나도 뛰어들었다면 그래서 다 성공했다면 65년이 지난 지금 새로 시작하는 이들에게 남은 시장이 있겠는가?

자본주의 세계는 어차피 소수가 돈을 번다는 단순한 시장 원리를 이해한다면 이 사업 안에 얼마나 큰 기회가 존재하는지 알 수 있다. 필자가 몸 담은 회사만 해도 연간 한화로 십조 원이 넘는 매출을 일으키고 있다. 그리고 그 매출은 오롯이 우리 사업가들을 통해서 발생한다. 우리가 독점하고 있는 시장이다. 다수의 사람이 선택하지 않는 일이니 내가 선택하는 순간 돈을 버는 소수에 속할 수 있다. 그리고 중도에 포기하는 다수가 아니라 완주하는 소수가 되겠다고 결심하는 순간 우리는 현재의 십조 시장은 물론이고 앞으로 만들어갈 이십조 아니 무한대의 시장을 독점하는 소수의 부자가 될 것이다. 이런 큰 비전을 갖게 되면 '내 주변 사람들이 나를 어떻게 생각할까?' 와 같은 생각은 지극히 사소하고 쓸모 없고 사치스러운 생각이라는 것을 깨닫게 된다.

필자가 5년 만에 미국에서 다시 다이아몬드를 해낸 원리는 땅벌이 나는 원리와 똑같다. "공기역학적으로는 땅벌은 날 수 없어야 하지만 땅벌은 그것을 모르기 때문에 어쨌든 계속 날아갑니다." ("Aerodynamically, the bumblebee shouldn't be able to fly, but the bumble bee doesn't know it so it goes on flying anyway.") Mary Kay 사의 창업자 Mary Kay Ash 여사가 한 유명한 말이다. 11년 전 필자는 이론적으로는 절대 날 수 없는 땅벌이었다. 객관적으로 생각해 보면 40대 중반에 친인척 한 명 없는 미국에 빈 손으로 와서 회원제직접판매 사업을 시작한다는 것이 얼마나 무모한 도전인가. 실제로 여건만 생각하자면 어느 누구보다 열악한 환경이었지만 간절한 꿈과 목표가 있었기에 서툰 날개 짓을 시작했다. 공기역학을 논하는 주체는 땅벌이 아니라 실제로 본인들은 날지도 않을 인간인 과학자들이다. 필자의 무모해 보이는 도전에 응원 보다 비관적인 시선으로 바라본 사람이 훨씬 많았고 격려 보다 부정적인 뒷담화를 하는 사람들이 훨씬 많았지만 필자는 개의치 않고 나의 길을 간 것이다. 땅벌과 다른 점이 있다면 공기역학을 몰랐기 때문에

날 수 있었던 것이 아니라 과거에 한국에서의 성공적인 경험이 있었기에 하면 된다는 확신이 있었고 그 과정 속에서 치러야 할 대가도 알고 있었기에 각오를 하고 도전했고 마침내 공기역학적으로는 절대 날 수 없었던 빈약한 날개는 멋진 날개로 진화해서 비상할 수 있었다.

Chapter 15

평생 자립 그리고
내 가족은 내가 지킨다

책을 마무리하면서 서문에서 언급한 필자가 정의한 자립의 의미를 다시 한번 생각해 보자. '삶을 마감하는 순간까지 인간의 존엄성을 훼손 당하지 않고, 다음 세대에게 일체의 심리적 경제적 부담을 주지 않고, 자신의 행복을 추구하면서 살아가는 것.' 생애주기 전체에 걸친 완전한 자립을 강조하기 위해 **평생자립**(Lifetime Independence)이라고 표현했다. 그리고 회원제직접판매 사업이 평생자립, 평생사업, 평생현역, 평생건강, 평생행복 이 모든 것을 가능하게 해주는 사업임을 필자의 오랜 경험을 바탕으로 설명했다. 이 사업을 통해 평생자립의 기반을 확립한 사업가는 자신의 가족을 지킬 수 있는 힘도 가질 수 있다.

해마다 5월이 되면 떠오르는 단어가 '가정의 달'이다. 고국을 떠나와 살고 있어서인지 두고 온 가족에 대한 그리움이 더 크다. 5월에 한국은 어린이날과 어버이날이 있고, 미국은 어머니날이 5월에 있다. 특별한 날을 지정하고 달을 지정해서 기념과 축하를 해야 할 만큼 가족이 중요하다는 의미일 수도 있지만 한편으로 산업화 이후에 부부가 맞벌이를 해야 가족의 생계가 유지되는 현실로 인해 전업주부로 있던 엄마가 생활 전선에 뛰어들게 됨으로써 가족 공동체에 나타나는 부정적 현상에 대한 경계의 의미도 있지 않나 생각한다. 오늘날에는 맞벌이로도 빈곤의 고리를 끊을 수 없어 투잡, 쓰리잡, N잡을 해야 하는 상황으로 내몰리고 있으니 경계의 차원을 넘어선 위기의 시대가 도래했다.

가정 혹은 가족은 공동체 사회의 최소 단위다. 가정이 바로 서지 못하면 사회가 바로 서지 못하고 지역사회가 바로 서지 못하면 국가도 바로 설 수 없다. 어찌 보면 생명체의 최소 단위인 세포의 역할과도 같다. 그리고 그 세포가 건강한 생존을 할 수 있도록 하기 위해 공급되는 산소와 영양소 역할을 하는 것이 돈이 되는 셈이다. 돈이 인생의 전부는 아니지만 돈이 없으면 할 수 있는 일에 제한을 받는다. 하고 싶은 일을 하지 못하고 갖고 싶은 것을 갖지 못하고 함께 하고 싶은 이들과 함께 하지 못하고 같이 살고 싶은 사랑하는 이들과 떨어져서 살아야 하는 상황으로 내몰리게 된다. 다시 말하면 돈으로 행복을 살 순 없지만 돈이 있으면 소중한 행복을 지킬 수 있다. 그래서 우리는 경제적인 자유를 추구하는 것이다.

이 사업이 우리에게 제공하는 성공의 기회는 앞서 언급한 모든 가치와 행복을 지킬 수 있는 기회다. 우리는 모두 누군가의 자녀이고 누군가의 손자 손녀이며 누군가의 부모이자 누군가의 할아버지 할머니다. 우리 각자가 이 사업으로 성취한 결과는 우리의 가족 공동체에게까지 긍정적인 영향을 미치는 가치 있는 일이다. 우리 사업은 나와 내 가족의 미래를 위해 현재의 내 시간을 투자해서 만들어 가는 사업이다.

스스로의 결단으로 선택한 사업을 굳건히 세워서 건강한 가정을 이끄는 건강한 가장이 되자. 우리는 육체적, 정신적, 영적으로 건강한 가장이 되어야 한다. 그래야 우리의 가족들이 건강할 수 있다. 그리고 이러한 건강을 지켜주는 가장 강력한 요소가 경제력이다. 나 자신뿐 아니라 사랑하는 내 가족의 신앙과 건강과 행복을 지키기 위해서라도 우리는 이 사업을 더 큰 사명감으로 해나가야 한다.

삼성가의 이건희 회장이 부인과 자녀들에게 물려준 재산의 상속세가 총 12조 원 이상이라고 한다. 우리 사업은 상속이 되지만 상속세가 없다. 내가 평생을 다해 쌓아 올린 사업을 다음 세대에게 상속하면 그 날은 내 인생의 마침표이자 최고점이 되겠지만 다음 세대에게는 출발점이자 최저점이 된다.

부모님께는 마지막 가시는 그 날까지 자랑스러운 아들딸이 되고,

자녀에게, 손자, 손녀에게는 자자손손 부를 상속시키는, 가문을 일으킨 조상이 되도록 기회를 준 사업이 이 사업이다. 우리는 다음 세대에게 네트워크만 상속시키는 것이 아니다. 이 사업을 통해 얻은 정신 세계까지 잘 계승시켜서 지구촌 어디에서든 강한 가족의 뿌리를 깊이 내리는 우리 모두가 되기를 소망한다.

Chapter 16

일 놀이 사랑 연대

유시민 작가의 <어떻게 살 것인가>라는 책을 읽고 느낀 사업적 영감을 나누고자 한다. 마틴 셀리그만 이라는 임상심리학자는 삶의 '위대한 세 영역'은 사랑, 일, 놀이이다 라고 정의했다. 유시민 작가는 이세 가지에 '연대(solidarity)'를 더해서 삶의 의미를 정의했다.

작가는 연대는 좁은 의미로 동일한 가치관과 목표를 가진 누군가와 손잡는 것이고 넓게 보면 기쁨과 슬픔, 환희와 고통에 대한 공감을 바탕으로 삼아 어디엔가 함께 속해 있다는 느낌을 나누면서 서로 돕는 것이라 했다.

연대의 시작은 연결이다. 생각해 보면 우리 인간은 서로 연결하지 않고는 살 수가 없다. 단순히 생존을 위한 연결뿐 아니라 다양한 성장을 위한 연결을 통해 개인과 공동체가 발전하게 된다. 성장을 위한 연결은 복제와 축적을 통해 다음 단계로의 성장을 이끌어 낸다. 정수기가 원수의 수도관과 연결되어야 비로소 정화된 물을 공급할 수 있는 것처럼 우리는 세상과 연결되어서 배우고 익히고 성장한다. 배움의 원천이 진보할수록 학습의 출발점이 높아지고 그 높이에서 복제와 축적이 시작된다.

조선시대의 장영실 같은 분이 지금 시대에 살았다면 노벨상을 여러 번 타셨을 지도 모른다. 반대로 생각해 보면 천하의 아인슈타인 박사도 수렵시대에 태어났다면 인류를 위해 무슨 의미 있는 족적을 남길 수 있었을까? 그런 의미에서 우리가 지금 이 시대를 살아간다는 것은 정말 큰 축복이다.

그 중에서도 회원제직접판매 사업을 만난 우리는 세상에서 가장 큰 축복을 받은 사람들이다. 이런 사업이 없던 시절에 살다 간 앞선 세대를 생각해 보면, 동시대를 살아도 이 사업이 진출하지 않은 국가에서 살고 있는 사람들을 생각해보면 우리는 얼마나 행복한 사람들인가? 우리는 그분들이 가지지 못한 성공을 꿈꾸고 그분들이 엄두도 못 내는 도전해서 그분들이 상상도 못하는 크고 작은 성취를 해나가고 있다.

지금 우리에게 필요한 것은 더 큰 성장을 위한 더 강력한 연결이다. 먼저 성공 플랫폼을 제공하는 회사와 더욱 밀착해야 한다. 회사는 정수기에 원수를 공급하는 수도 파이프라인과 같다. 수돗물 없이 정수기가 존재하지 않듯이 플랫폼을 제공하는 회사가 없다면 우리에게는 성공의 기회 자체가 존재하지 않는다. 변화의 속도가 빠른 시대에 경쟁 우위를 확보하기 위해 회사는 선제적으로 변화(transform)를 하고 있다. 그 변화에 발 맞추기 위해서는 회사와 더욱 밀착하여 회사의 안내를 따라가야 한다. 회사와 더 강력하게 연결된다는 의미는 회사가 제공하는 정보와 안내를 더욱 밀착해서 따른다는 것이다.

회사가 수도의 원수의 파이프라인이라면 교육 시스템은 정수기 본체에 해당한다. 팀에서 제공되는 교육 시스템을 잘 활용하면 복제와 축적을 통해 누구나 성장을 이룰 수 있다. 그리고 그 성장의 과정 속에 멘토와의 연결도 필수다. 나는 멘토와 얼마나 자주 통화하고 있나 스스로 점검해 보면 연결의 강도를 자가 진단할 수 있다.

마지막으로, 무한한 연결의 네트워크를 확산시켜 가야 한다. 회사로부터 성장의 원천을 공급받아 잘 갖춰진 교육 시스템으로 복제의 틀을 갖추었다면 축적을 통한 성장을 만드는 일은 우리 각자가 무한 연결의 주체가 되는 것이다. 내가 아는 모든 사람들을 네트워크로 연결하고 그분들을 통해 내가 모르는 분들에게로 까지 연결을 무한대로 확산해 가야 한다. 더 많은 분들에게 지금 우리가 꿈꾸는 세상을 함께 나눌 수 있고, 이 일을 통해 삶의 행복과 존재의 의미를 찾을 수 있도록 도와야 한다. 이렇게 하는 것이 진정한 연대라 생각한다.

우리의 인생이 일, 사랑, 놀이 그리고 연대로 구성되어 있다면 이 네 가지를 각각 쪼개어서 사는 삶 보다 넷이 하나가 될 수 있다면 그 인생은 네 배가 아니라 열여섯 배 더 행복해질 것이다. 내가 하는 일이 재미와 즐거움으로 가득 차고 그 일을 사랑하고 내가 하는 일을 통해 연대해 가는 사람들과 사랑과 우정을 나누며 더 큰 연대를 만들어 가고 그것이 또 내 일을 더 크게 확장시키고 그러면서 또 재미와 사랑이 커져가는 선순환이 삶 전체를 통해 구현이 된다면 이보다 행복한 삶이 어디 있을까?

　　필자는 이 시대에 가장 합리적이고 강력한 소비자 연대가 회원제직접판매 사업이라고 주장한다. 거대 자본이 제조와 유통을 장악하고 있는 자본주의 시장에서 골리앗을 쓰러뜨릴 물맷돌 마저 빼앗겨버린 현대판 다윗들은 손에 손잡고 소비자 네트워크를 형성해야 한다. 그리고 이런 강력한 소비자 연대를 가능하게 하는 장이 회원제직접판매 플랫폼이다.

　　우리는 이 사업을 통해 일, 놀이, 사랑과 연대를 모두 추구할 수 있다. 다시 말하면 이 사업을 받아들이는 순간 우리는 어떻게 살 것인가에 대한 고민을 해결할 수 있다. 지금 필자가 하는 말을 충분히 공감한다면 당신은 인생에서 성공한 사람이다. '성공은 가치 있는 꿈의 점진적인 실현이다'라고 했다. 삶의 방향이 정해진 우리는 일, 놀이, 사랑 그리고 연대가 하나가 된 이 사업을 통해서 각자가 꿈꾸는 가치 있는 꿈을 점진적으로 실현해갈 것이다.

Chapter 17

이키가이
(ikigai, 生き甲斐)

　일본에는 이키가이(ikigai, 生き甲斐)라고 하는 독특한 문화가 있다. '삶', '인생'을 뜻하는 이키(生き)와 조개껍질에서 유래된 가이(甲斐)의 합성어다. 가이(甲斐)를 한자 그대로 한국식으로 발음하자면 '갑비'가 되고 가장 빛난다는 뜻이다. 이키가이는 '삶의 가치, 인생의 즐거움이나 보람' 정도로 해석할 수 있다. 영어로는 일본어 발음대로 ikigai라고 표기하고 'A Reason for Being' (존재의 이유) 라고 설명한다.

　일본인들의 이키가이 문화를 벤 다이어그램으로 처음 만든 사람은 마크 윈(Marc Winn) 이다. 그는 2014년 TED 강연에서 이키가이와 관련한 강연을 듣고 목표 벤 다이어그램과 이키가이의 개념을 결합해서 이키가이 벤 다이어그램을 만들었다.

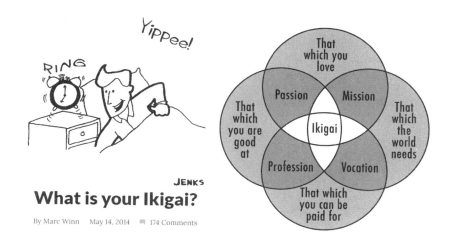

〈자료인용: https://theviewinside.me/what-is-your-ikigai〉

　인간의 존재의 이유, 삶의 목적을 충족시키기 위한 이키가이 벤 다이어그램의 네 가지 항목은 **좋아하는 일**(That which you love), **잘 하는 일**(That which you are good at), **돈 되는 일**(That which you can be paid for), 세**상에 필요한 일**(that which the world needs)이다. 당신이 현재 하고 있는 일은 네 가지 항목 중 몇 가지를 충족하고 있는가? 벤 다이어그램의 교집합들을 확인해 보자. 좋아하는 일이고 잘 하는 일인데 돈이 안되고 세상에 꼭 필요한 일이 아니라면 열정(Passion)만 가지고 하는 일 즉 취미에 해당한다. 잘 하는 일이고 돈이 되는 일이면 직업(Profession), 돈이 되는 일인데 세상이 필요로 하는 일이면 소명(Vocation), 좋아하는 일인데 세상이 필요로 하는 일이면 사명(Mission)이다.

이번에는 세 가지 항목이 충족되고 한 가지가 결핍인 상황을 살펴 보자. 좋아하는 일이고 잘 하는 일이고 돈도 되는데 세상에 필요한 일이 아니라면 그 일을 하는 마음이 어떨까? 만족하겠지만 한편으로는 쓸모없는 사람이라고 느낄 수 있다. (Satisfaction, but Feeling of Uselessness) 잘 하는 일이고 돈이 되는 일이고 세상에 필요한 일인데 좋아하는 일이 아니라면 편안하면서도 공허함을 느낄 것이다. (Comfortable, but Feeling of Emptiness) 좋아하는 일이고 세상이 필요로 하고 돈도 되는데 잘 할 수 있는 일이 아니라면 신이 나고 안락함도 느끼겠지만 다른 한편으로 불안함이 있을 것이다. (Excitement and Complacency, but Sense of Uncertainty) 좋아하는 일이고 잘 하는 일이고 세상도 필요로 하는데 돈이 안 된다면 기쁨과 충만함을 느끼겠지만 가난하게 살아야 한다. (Delight and Fullness, but No Wealth)

독자 여러분들께 당부드리고 싶다. 본인을 제 3자의 위치에 놓고 이키가이 벤 다이어그램에서 자신의 직업이 몇 가지 항목을 충족하고 시키고 있는지 점검해 보시기 바란다. 이러한 객관적 검토가 삶의 방향성을 찾고 행복을 추구하는 데 도움이 될 것이다. 네 가지 항목을 모두 품고 있는 직업을 가지고 있는 사람이라면 삶 자체가 행복으로 충만할 것이다. 이키가이를 이미 찾아서 그 일을 하고 있는 사람이라면 **일 놀이 사랑 연대**를 모두 행복으로 추구하는 사람일 것이다. 그리고 앞서 만족지연에 관해 언급했던 **지연된 만족**(Delayed Gratification) 과 **즉각적 만족**(Instant Gratification)이 일치되는 삶을 사는 사람일 것이다. 필자가 평생 걸어온 회원제직접판매 사업은 이 모든 것을 충족하고 있다. 필자의 개인적인 주장이 아니라 함께 하는 수많은 사업가들의 강연과 대화를 통해 서로 공감하고 있다. 현재 하고 있는 일에서 결핍된 부분이 있고 네 가지 항목을 충족하고자 하는 욕구가 있는 독자라면 우리가 하고 있는 사업에 동참해 보시기를 권장한다. 이미 여러 번 강조해서 얘기했지만 현재 직업을 고수하면서 병행해서 시작할 수 있으니 미래를 위해 도전해 보시기 바란다.

맺음말 : 잰 걸음과 긴 호흡

성공하는 사람들의 공통점이 있다. 바로 중도에 포기하지 않았다
는 사실이다. 우리 사업뿐 아니라 세상의 크고 작은 성공들도 다 마찬
가지다. 그래서 '포기하지 않아야 성공한다.'는 진리와 같은 명제다.
하지만 세상의 성공에는 수많은 변수들이 있다. 그리고 그 변수들은
외적인 요인들이 대부분이다. 외적 요인들이 장애물이 되고 리스크가
되는 이유는 변수를 통제할 힘이 내게 없기 때문이다.

우리 사업은 외적 변수로부터 자유로운 사업이다. 1인 기업가(En-
trepreneur) 로서 우리는 스스로를 통제하는 힘만 갖춘다면 반드시 성공
할 수 있다. 나에게 주어진 자유의지로 스스로를 통제하면서 사업을
꾸준히 진행하면 누구나 성공적인 결과를 만들 수 있다.

살면서 우리가 가장 경계해야 하는 말은 "쉽게 돈 벌 수 있다."는 말
이고 명심해야 할 말은 "세상에 공짜는 없다."다. 단기간에 쉽게 큰

돈 버는 방법은 세상에 존재하지 않는다. 한 분야에서 성공적인 결과를 만들어내려면 선택과 집중 그리고 끈기와 인내가 필요하다. 결국 우리에게 필요한 스스로에 대한 통제력은 사업을 집중함에 있어서 GRIT(열정적 끈기)을 지속하도록 하는 힘이다.

그래서 우리에게는 잰 걸음과 긴 호흡이 필요하다. 걸음은 빠르게 하되 호흡은 천천히 한다는 것의 의미가 무엇일까? 올바른 방향성이 확립되었다면 목표를 향해 잰 걸음으로 나아가야 한다. 한 번에 너무 큰 걸음을 뛰려 하면 금방 지칠 수도 있고 발목이 삘 수도 있다. 한 발짝 크게 뛰고 오래 쉬는 것보다 잰 걸음으로 꾸준히 나아가면 훨씬 멀리 갈 수 있다. 목표를 잘게 쪼개면 계획이 된다. 월간 주간 일일 그리고 시간대별로 잘게 미분해서 행동 계획을 세우고 꾸준히 실천해 가다 보면 어느새 목표에 도달한 자신을 발견할 것이다. 그래서 긴 호흡이 필요하다. 호흡이 긴 동물이 장수한다. 1회 호흡에 걸리는 시간을 비교해보면 사람 4~5초 (분당 15회 정도)이고 개는 0.6~0.7초, 거북이는 20초라고 한다.

느린 호흡이 장수의 비결인 것처럼 우리 사업에서도 롱런을 위해서는 긴 호흡이 필요하다. 5년 뒤 10년 뒤 나아가 평생의 마스터플랜을 그려놓고 잰 걸음으로 부지런히 걸어가야 한다. 우리 사업에 딱 맞는, 필자가 좋아하는 속담이 있다. '가랑비에 옷 젖고 티끌 모아 태산이다.' 우리 각자의 삶과 사업에서 아름다운 결실을 맺게 해줄 귀한 속담을 마음에 새기고 긴 호흡과 잰 걸음으로 함께 전진하자.

　명심하시라. 서민을 위한 나라는 존재하지 않는다. 지금까지 없었고 앞으로도 없을 것이다. 정치, 경제, 전쟁, 기후변화 등 외부 환경의 변화에 영향을 받지 않고 생애주기 전체에 걸쳐서 완전한 자립을 이루기 위해서는 안트러프러너로서의 삶을 한 번은 도전해야 한다. 필자는 평생자립을 실현하고 가족의 미래를 책임질 수 있는, 당당한 1인 기업가로 우뚝 설 수 있는 최고의 사업 기회를 공개했다. 이제 선택은 독자의 몫이다. 평생자립의 현실적 대안을 선택하고 도전할 것인가 아니면 입구에서 구경만 돌아설 것인가? 책을 마무리하는 이 순간이 부디 결단의 계기가 되시기 바란다. 아울러 무한대의 성공 가능성이 있는 이 사업을 통해 독자 여러분 모두 각자가 원하는 꿈을 실현하시기 바란다.

"Look Toward the stars
but keep your feet firmly on the ground."
"별을 바라보되 발을 땅에 단단히 디디십시오."
- Theodore Roosevelt

[참고문헌]

컴패셔닛 캐피털리즘<더불어 사는 자본주의> (리치 디보스, 도서출판 아름다운사회)

비즈니스 핸드북 (WWDB-Kore,a아트 메이커)

당신이라는 1인기업 (버크 헤지스, 도서출판 나라)

부의 미래 (엘빈 토플러, 하이디 토플러, 창림출판)

세렌디피티 (오스카 파리네티, 레몬한스푼)

Amway Global Entrepreneurship Report(AGER, 2023)

제3의 물결 (앨빈 토플러, 범우사)

부자 아빠 가난한 아빠 1편, 2편 (로버트 기요사키, 민음인)

부자 아빠의 비즈니스 스쿨 (로버트 기요사키, 민음인)

부자 아빠의 21세기형 비즈니스 (로버트 기요사키, 민음인)

부자 (Why We Want You to Be Rich 도널드 트럼프, 로버트 기요사키 공저, 리더스북)

The New York Times (Dec. 9 2013, Margalit Fox)

The Trusted Advisor (David Maister, Robert Galford, Charles Green)

암웨이 사업의 성공을 여는 4가지 열쇠 – RRTM' (한국암웨이)

Entrepreneurship, Economic Growth, and Policy (Cambridge University Press)

Start with Why (Simon Sinek)

그릿 (엔젤라 더크워스, 비즈니스북스)

마시멜로 이야기 (호아킴 데 포사다, 엘렌 싱어, 한국경제신문사)

어떻게 살 것인가 (유시민, 생각의길)

위너 (이형욱, W-BOOK)

아메리칸 드림 아메리칸 웨이 (이형욱, 도서출판나라)

평생자립 Lifetime Independence
서민을 위한 나라는 없다

1판 1쇄 찍음 2024년 10월 1일
1판 2쇄 펴냄 2024년 10월 15일

지 은 이 이형욱
펴 낸 이 배동선
           마케팅부/최진균
펴 낸 곳 아름다운사회
출판등록 2008년 1월 15일
등록번호 제2008-1738호
주   소 서울시 강동구 양재대로 89길 54 202호(성내동) (우: 05403)
대표전화 (02)479-0023
팩   스 (02)479-0537
E-mail assabooks@naver.com

ISBN : 978-89-5793-207-0-03320

값 12,000원